온보딩

"

새롭게 시작하는

_____님을

응원합니다.

"

ONBOARDING

신규
입사자를
위한

온보딩
안내서

온보딩

김윤정 김정현 김화정
박진일 박찬규 박한샘
장정관 전수정 정우성
조한겸 지정훈

지음

plan b
DESIGN

목차

프롤로그 문제는 입사 그다음부터다 — 8

PART 1. 불그레_ 두근두근 불그레, 첫 출근

01 첫 출근 전, 뭘 준비하면 좋을까요? — 21

02 입사 D-DAY, 어떻게 시간을 보내야 할까요? — 32

03 괜찮은 사람으로 봐줬으면 좋겠어요 — 45

04 자기소개 너무 부담스러워요 — 50

소프트랜딩 성공 노하우 전수 시작 — 56

PART 2. 불안_ 입사 초, 불안이 나를 사로잡을 때

01 모든 사람의 이름을 외워야 할까요? — 63

02 왜 아무도 나에게 알려주지 않는 걸까요? — 70

03 자신감 있어 보여야 할까요? 겸손해 보여야 할까요? — 81

04   나를 떠보는 선배, 나를 간 보는 후배   — 86

05   한 번도 안 했던 실수를 자꾸 하게 되네요?   — 96

06   새로운 직장에서 마음이 잡히질 않네요,
     전 직장이 그리워요   — 103

07   사실 저 그 정도 실력 아니거든요. 들통날까 봐 걱정돼요 — 110

     소프트랜딩 성공 노하우 전수 적응   — 116

PART 3.   불편_ 여전히 사람들과 어색하고 불편할 때

01   끼리끼리 따돌림? 텃세가 심합니다   — 123

02   팀장님이랑 너무 안 맞아요   — 132

03   은근 무시하는 느낌이 들어요   — 136

04   저 사람이랑 부딪히면 골치 아프다는데,
     피할 방법이 없네요   — 146

05   동료가 저를 대놓고 적대시해요   — 157

     소프트랜딩 성공 노하우 전수 관계   — 164

PART 4. 불만족_ 주어지는 일이 몹시 만족스럽지 못할 때

01   기다렸다는 듯이 일을 막 던집니다   — 171

02   눈치껏 하라는데, 뭔지 모르겠어요   — 177

03   타 팀에서 업무 요청받습니다. 당장 내일까지 달라는데요? — 183

04   툭하면 그렇게 일하는 게 아니라고 합니다   — 190

05   별것도 아닌데, 사소한 걸로 트집 잡네요   — 197

06   일을 해놓고도 지적받으니, 하기가 싫어집니다   — 208

07   아직도 제 이름을 모르는 사람이 있어요   — 219

08   올해 고과는 어쩔 수 없이 깔아야 하는 거죠?   — 224

   소프트랜딩 성공 노하우 전수   업무   — 233

PART 5. 불평_ 출근하면서 불평으로 하루를 시작합니다

01   회사 분위기 적응이 안 됩니다   — 241

02   체계가 없어도 너무 없어요   — 246

03   경쟁사로 이직했더니, 자구 전 직장 얘기를 물어봐요   — 255

04   업무 요청해야 하는데 이어폰을 빼질 않아요   — 260

   소프트랜딩 성공 노하우 전수   도전   — 265

PART 6. 불가능_ 이 회사에 적응하는 건 불가능해 보여요

01 마음에 안 드는 부서로 가라는 데, 그만두어야 하나요? — 271
02 성과에 대한 압박이 커요 — 278
03 저만 아직 적응 중인가요? — 287
04 엑소더스, 출구전략은 어떻게? — 294
05 나도 나를 잘 모르겠어요 — 307
06 다음 이직은 언제가 좋을까요? — 316
소프트랜딩 성공 노하우 전수 성장 — 323

문제는 입사 그다음부터다

Happily Ever After, 오래오래 행복하게 살았답니다

어릴 때 읽던 동화책의 마지막에 꼭 나오는 문장이다. 얼마나 오래오래, 어떻게 행복하게 살았는지는 중요하지 않다. 현실은 고민하지 말고, 해피엔딩으로 끝나는 결말만 기억하라는 어른들의 배려일 것이다.

신규 입사도 비슷한 느낌이다. 주변에 누군가 취업했다는 소식을 들으면 "축하한다" "잘했다"라는 말을 가장 먼저 건넨다. 구직자 입장에서도 취업 준비 기간과 비례해 위축되었던 마음이 최종 면접 합격 메시지를 받는 순간 행복함으로 바뀐다. 하지만 신규 입사는 해피엔딩으로 끝나는 동화가 아니다. 취업에 성공한 순간은 해피하지만, 이후 현실 직장 생활이 기다리고 있기 때문에 엔딩은 아닌 것이다.

문제는 입사 후 그다음부터이다. 인턴 경험을 통해 직무 역량을 탄탄히 쌓아왔다고 자신했지만, 정작 선배 도움 없이 스스로 어느 것 하나 해결하지 못하는 상황이 당황스러워진다. 모임에선 늘 리더 역할로 누구보다 인간관계에 자신했지만, 새 직장에서는 근무해온 기존 사람들의 벽을 넘지 못하고, 이방인 취급을 당하기도 한다. 능력의 문제가 아닌, 환경의 문제인 것이다.

인생에서 가장 중요한 결정 중 하나가 '취업'이기 때문에, 취업을 위한 가이드가 영상, 글 그리고 주변 사람들의 조언까지 넘쳐난다. 좋은 회사를 찾는 법, 내 커리어를 업그레이드하는 방법 등 조금만 노력하면 도움이 되는 방법들을 금세 찾을 수 있다.

반면, 입사 후 제대로 온보딩하는 방법에 대해 명쾌하게 알려주는 가이드는 찾기 어렵다. 입사 이후에는 각자도생으로 살아남으면 된다는 것일까? 개인이 적응하는 영역 정도로 치부한다기보다는 명확한 솔루션을 제시하기 어려워서일 것이다. 신규 입사자 온보딩의 중요성은 최근 각 기업이 적극적으로 온보딩 프로그램을 기획하고 실행하는 추세에서 확인할 수 있다. 많은 기업이 온보딩 프로그램을 필수로 진행하며, 교육과 멘토링을 통해 최대한 지원하는 분위기이다. 세련된 굿즈로 구성한 입사 선물, 회사 입구에 크게 걸린 환영 메시지부터 커피챗, 랜덤 런치까지 방식도 다양해졌다. 기업에서 준비한 온보딩 프로그램은 우리 회사에 대한 애사심을 높여서 이탈률을 막아보자는 의도로 충분해 보인다. 다만, 신규 입사자 입장에서는 세련된 굿즈가 해결해주지 못하는 디테일한 고민이 있다.

연봉 때문에 이직했지만, 관계 때문에 다시 퇴사!

이직 경험이 있는 직장인에게 전 직장 근속 연수를 물었을 때, 응답자의 55%는 1년 미만으로 답했다. 두 번 이상 이직을 경험한 이들로 대상을 좁혔을 때, 1년 미만 근무 후 퇴사했다고 답한 비율은 67%에 달했다. 응답자 3명 중 2명은 이직 후, 1년이 되지 않아 다시 퇴사한 것이다(2023년 6월, 2040 이직 경험이 있는 직장인 371명 대상 자체 조사). 연봉, 직무, 근무조건 등 많은 부분을 고려하고 결정해 입사한 회사일 텐데, 무엇이 문제였을까? 설문을 통해 답에 근접할 수 있었다. 연봉/복지 등 처우가 이직을 결정한 가장 큰 요인이지만, 이직 후 첫 출근 시 가장 큰 고민은 '새로운 인간관계 (42%)'라고 답한 이들이 가장 많았다. 이후 '새로운 업무(27%)', '새로운 조직문화(21%)' 순이었다. 연봉에 맞춰 이직했지만, 입사 후 인간관계 때문에 다시 퇴사한 것이다.

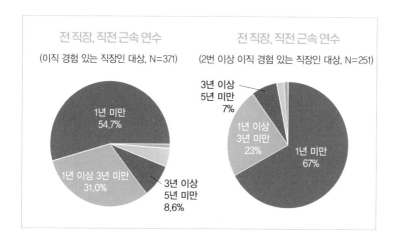

"극 'E'형의 외향성을 가진 사람은 어떤 고민도 없이, 새로운 직장에 잘 스며들까?"라고 묻는다면 아닐 것이다. "직장 경력 20년차 베테랑 직원은 이직 후, 당장 업무에 적응하고 성과를 척척 보여줄 수 있을까?"라는 질문도 역시 아닐 것이다. 개인의 성격, 경험과 상관없이 누구나 새로운 시작은 걱정이 앞서고 두려운 도전이다.

이직 계기

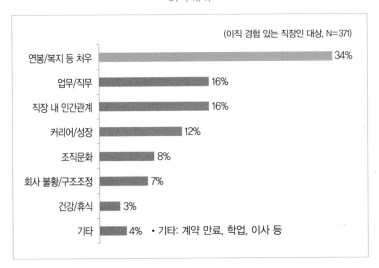

(이직 경험 있는 직장인 대상, N=371)

- 연봉/복지 등 처우 — 34%
- 업무/직무 — 16%
- 직장 내 인간관계 — 16%
- 커리어/성장 — 12%
- 조직문화 — 8%
- 회사 불황/구조조정 — 7%
- 건강/휴식 — 3%
- 기타 — 4% • 기타: 계약 만료, 학업, 이사 등

이직 후 첫 출근 시 가장 큰 고민

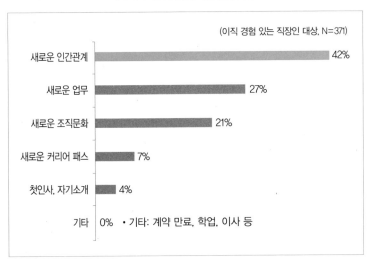

(이직 경험 있는 직장인 대상, N=371)

- 새로운 인간관계 — 42%
- 새로운 업무 — 27%
- 새로운 조직문화 — 21%
- 새로운 커리어 패스 — 7%
- 첫인사, 자기소개 — 4%
- 기타 — 0% • 기타: 계약 만료, 학업, 이사 등

직장인 커뮤니티에는 '첫 출근'을 키워드로 한 많은 질문이 검색되고, 그 질문마다 공감하는 댓글이 수없이 달린다.

"첫 출근 전 어떤 준비를 하면 좋을까요?"
"새로운 직장에서 괜찮은 사람으로 보이고 싶어요."
"새로운 직장에서 마음이 잡히지 않네요."
"은근 무시하는 것 같아요. 텃세를 부리네요."
"회사 분위기가 적응이 안 됩니다."

사회 초년생이어서, 경험이 부족해서 하는 고민이 아니다. 네 번의 이직 성공으로 연봉이 2배가 된 프로이직러 K 차장도 입사 첫날 출근 룩을 잘못 선택한 대실패의 경험을 했다고 한다. 너무 튀지 않게 첫 출근임을 감안해 무난한 세미정장을 입고 출근했지만, 스타트업인 새 직장에서는 크록스와 후드티의 자유로운 복장이었기 때문이다. 아프리카 오지 마을의 선교사 같은 느낌으로 첫인상이 결정된 것이다.

다수가 고민하고 있다는 것은 개인의 문제가 아니라는 말이다. 뭐 이런 사소한 고민인가로 치부하면 안 된다. 반대로 이 고민이 해결된다면, 좋은 조건의 회사에 적응하지 못했다는 이유로 그만두지 않아도 된다. 새로운 직장에 잘 적응하는 일은 회사도 신규 입사자도 모두 원하는 해피엔딩이다.

신규 입사자 온보딩의
핵심 노하우

　이 책은 그 고민을 해결하자는 생각에서 시작되었다. HR 현장에서 직접 채용과 교육을 하는 11명이 모였기에 이론적이고 형식에 그친 내용이 아닌, 구체적이고 실제 도움이 되는 방법이 무엇인가를 치열하게 논의했다. 커뮤니티 글은 물론 실제 현장 경험과 인터뷰를 통해 고민들을 모아보니 명확해졌다. 개인의 적극성이나 역량의 이슈가 아닌, 환경과 상황이 달라졌기 때문에 생기는 문제가 대부분이었다. 나는 그대로이지만 내 주변 환경이 달라졌기에, 그에 맞는 대응이 달라져야 하는 문제였다.

　사실 나만 겪는 문제는 아니다. 때로는 불편하고, 혼란스러운 순간을 많은 신규 입사자가 겪는다. 이 책이 조직에 빠르게 적응하고, 성공적으로 자리매김하는 데 도움이 되는 안내서가 되길 희망한다. 입사 초기 막연함으로 불안하든, 새로운 인간관계로 불편하든, 업무방식이나 조직문화가 낯설고 불만족스럽든 모두 '일 잘하는 사람으로 성장하고 싶다'는 공통적인 바람이 있다. 고민은 주제별로 크게 6개의 '불~'로 시작하는 테마로 엮어 쉽게 찾아볼 수 있게 구성하였고, 상황별로 구체적인 사례와 해결 방법을 제시했다.

Part 1. '불그레'는 설렘과 긴장으로 가득 찬 첫 출근 준비에 대한 방법이다. 첫 단추를 잘 끼우기 위한 마음가짐과 준비하면 좋은 것들, 그리고 좋은 첫인상의 힘에 대해 말한다.

Part 2 '불안'은 입사 초기 여러 불안한 감정을 해결하는 방법이다. 부서원들 전체 이름 외우는 일도 벅찬 과제로 느껴지는 시작이지만, 성공적으로 사내 네트워킹을 만드는 결과까지 만들어낼 수 있다. 또한, 함께 일하고 싶은 동료로 자연스럽게 스며드는 방법에 대해 다루고 있다.

Part 3. '불편'은 여전히 사람들과 어색하고 불편한 상황을 극복하는 내용이다. 점심을 누구와 먹는 고민부터, 은근히 느껴지는 텃세에 대한 고민, 팀장이나 동료와 맞지 않아 생기는 고민 등 신규 입사자들이 가장 많이 고민하는 '관계'에 대해 다룬다.

Part 4. '불만족'은 일이 만족스럽지 않은 상황을 해결하는 방법이다. 경력직 입사자에게는 빠르게 업무에 적응할 것이라는 기대와 함께, 얼마나 잘하는지 보자라는 은근한 경계도 따라온다. 결과에 대한 평가도 냉혹하다. 기준은 높고 평가는 아쉽다. '불만족'

파트에서는 높은 기준을 맞출 수 있는 디테일한 업무 노하우를 확인할 수 있다.

Part 5. '불평'은 달라진 환경에 적응하는 방법을 말한다. 겉만 봐서 확인하기 어려운 것이 그 회사 분위기이다. 대기업 문화, 스타트업 문화, 외국계 문화라고 단순하게 나눌 수도 없다. 회사마다 다른 문화가 있다. 내 성향과 많이 다른 회사 분위기에 '불평'하기보다는 처음부터 그 회사 사람이었던 것처럼 적응하는 방법을 제시한다.

Part 6. '불가능'은 그럼에도 개인이 해결하는 범위를 넘어선 상황에 대한 고민이다. 갑작스러운 부서 이동 제안, 성과에 대한 압박, 시간이 지나도 이방인 같은 느낌인 답답한 상황에 대한 출구 전략을 제시한다.

'소프트랜딩 성공 노하우 전수'는 이직을 통해 연봉도 커리어도 성장한 프로이직러들의 성공 킥을 소개한다. 누가 봐도 대단한 능력자인 그들이지만, 온보딩 과정에서 시행착오는 예외가 없었다. 다른 점은 시행착오를 빠르게 인정하고, 문제해결에 집중하는 모습을 보였다는 것이다. 문제해결도 내 능력을 과시하기보다는 조직에 맞는 유연한 태도로 해결해나간다는 공통점을 보였다. 실제 경험과 사례를 통해 구체적으로 확인할 수 있다.

이 책이 새로운 회사에 적응하기 위해 고군분투하는 많은 직장인의 시행착오를 줄이는 데 도움이 되길 바란다.

PART 1

불그레

◆

두근두근 불그레,
첫 출근

"아무리 빨리 이 새벽을 맞아도
어김없이 길에는 사람들이 있었다.
남들이 아직 꿈 속을 헤멜거라 생각했지만
언제나 그렇듯 세상은 나보다 빠르다."

— 드라마 〈미생〉 —

01 첫 출근 전,
뭘 준비하면 좋을까요?

칫솔&치약보다
먼저 챙겨야 할 대인관계 면역력!

사회에 첫발을 들인 신입사원뿐 아니라 10년 차 경력직에게도
첫 출근은 긴장과 설렘이 공존하는 날이다. 새로운 환경, 새로운
사람들, 새로운 업무는 설레기도 하지만 그보다는 낯설고 부담스
러운 마음이 더 크다. '내가 새로운 업무를 잘할 수 있을까?' '함
께 일할 사람들은 좋은 사람들일까?' '과연 나하고 잘 맞는 사람
들일까?' 뭔지 모를 불안감이 밀물처럼 밀려오고, 긴장감에 초조

한 느낌이 들기도 한다. 첫 출근 준비물로 검색해보면 다양한 목록이 나온다. 슬리퍼, 다이어리, 필기구, 스마트폰 충전기, 텀블러 등. 그중 첫 번째가 칫솔과 치약이다. 구강 관리를 위해 양치하라는 단순한 의미보다는 '첫날부터 입 냄새로 이미지 망치지 말라!'는 의미가 더 강하다. 다시 말해 성공적인 이직으로 향하는 첫 번째 관문에 나의 이미지를 평가하고 때로는 결정짓기도 하는 기존 구성원, '사람'이 있음을 뜻한다.

새로운 환경에 빠르게 적응하기 위해서는 눈에 보이는 것뿐 아니라 눈에 보이지 않는 것까지 준비할 필요가 있다. 다양한 준비물로 청결한 사람, 메모를 잘하는 사람 등 좋은 이미지를 챙기는 것에 그치지 않고, '어떻게 하면 새로운 사람들과 잘 지낼 수 있을까?' 눈에 보이지 않는 것을 고민하고 행동하는 사람이다. 레스 기블린은《인간관계의 기술》에서 성공한 사람들은 일 자체보다 '사람들과 관계가 좋다'는 공통점이 있다고 말했다. 그런데 진짜 우리 주변만 둘러봐도 성공한 사람들은 아이큐가 높은 사람, 가장 능력이 뛰어난 사람이 아닌 경우가 많다. 즉 똑똑하고 잘난 사람이 아니라 '사람들과 잘 지내는 재주를 가진' 사람이 성공한다.

그렇다면 첫 출근 전 새로운 사람들과 잘 지내기 위해 어떤 준

---

1   레스 기블린,《인간관계의 기술》, 미래지식, 2011

비를 하면 좋을까? 누구나 이직 후 일정 기간 동안 눈에 보이지 않는 크고 작은 다양한 외부의 공격과 매일 싸우게 된다. 첫 출근 날부터 기존 구성원들로부터 높은 기대감, 부담감, 실망감, 아쉬움, 전임자와의 비교, 때로는 텃세와 무관심, 적개심 등 다양한 심리적 공격을 받게 된다. 이런 모든 심리적 공격을 방어하고 자신의 능력을 증명해나갈 수 있는 힘을 유지해야 한다. 이때 반드시 필요한 것이 바로 스스로를 지키는 힘이다. 이런 맥락에서 첫 출근 전, 칫솔과 치약을 준비하는 일만큼 중요한 것이 대인관계 면역력이다.

첫 출근 D-3, '긍정-인정' 면역력 1포를 먹어두자!

tvN 해외 배낭여행 프로젝트 프로그램 〈꽃보다 누나〉를 기억하는가?[2] 윤여정, 김자옥, 김희애, 이미연 4명의 꽃누님과 대세 연예인 이승기가 함께 터키와 크로아티아를 여행하는 프로그램이었다. 이승기는 꽃누님 4명이 편안하게 여행할 수 있도록 짐꾼 및

---

2 이명한·나영석, 〈꽃보다 누나〉(리얼리티 예능, 2013년 11월 29일~2014년 1월 17일), tvN

숙소, 환전, 길 안내 등을 담당하는 짐꾼 역할을 맡았다. 당시 이 승기는 10년 차 예능 프로그램 경력직이었다. 그런데 10년 차 예능 경력직치고는 많이 서툴고, 어리바리한 짐꾼의 모습을 보였다. 첫 회부터 이승기는 여러 면에서 누나들에게 실망감을 안겨준다. 짐꾼으로 왔는데 누나들 짐은 들지도 않고, 비행기에서 가장 늦게 나온다. 누나들이 여행에 대해 물으면 무엇 하나 시원하게 대답하는 것이 하나도 없다. 뭘 알아보러 가면 늘 함흥차사다. 10년 차 경력직도 새로운 환경과 업무에서 적응하지 못하면 얼마든지 '프로일잘러'에서 '프로일못러'로 전락할 수 있다. 모든 것이 새롭기에 서툴 수밖에 없지만, 이런 모습은 전임자와 비교당하기 십상이다. 기존 구성원들은 '짐꾼을 뽑은 줄 알았는데, 짐이 왔네요…'라는 뉘앙스를 팍팍 풍기며 이야기한다. 하는 사람은 사소한 표현일 수 있지만, 한순간 '짐꾼'에서 '짐'으로 전락한 사람에게는 모든 말이 뾰족한 화살촉이 되어 가슴팍을 파고들 듯 아프다.

이때 필요한 면역력이 '긍정'이다. 긍정의 의미를 사전에서 찾아보면 '그러하다고 생각하여 옳다고 인정함', '일정한 판단에서 문제로 되어 있는 주어와 술어와의 관계를 그대로 인정하는 일'이라고 나온다. 공통적인 단어가 바로 '인정'이다. 많은 사람이 긍정을 '어떻게든 잘 되겠지'라는 마음을 갖는 것, 좋지 않은 상황을 좋은 상황으로 받아들이는 것이라고 생각한다. 진짜 '긍정'은 현

온보딩

재 상태를 그대로 받아들이고 인정하는 것에서 시작한다. 다시 말해 긍정은 사람들은 왜 이럴까 비난하고 비판하는 데 에너지를 쓰는 것이 아니라 현재 상황을 있는 그대로 받아들이는 일이다. 그럼에도 불구하고 내가 원하는 방향으로 나아가기 위해 무엇을 할 수 있을까 생각하는 일이 진짜 긍정이다.

첫 출근 D-2, '성장-변환'의 면역력 1포를 먹어두자!

〈꽃보다 누나〉에서 이승기의 허당 모습에 누나들이 제대로 폭발하는 사건이 터진다. 당시 길 안내까지 담당하고 있던 이승기가 환전에 정신이 팔려 누나들에게 숙소로 가는 방향을 알려주지 않고 환전을 하러 갔다. 결국 누나들은 함흥차사 이승기를 하염없이 기다리게 된다. 이런 누나들을 보다 못해 제작진은 돌아온 이승기에게 "집 방향을 모르시는데 안 가르쳐드렸잖아요"라며 환전보다는 길 안내를 먼저 했어야 했다고 지적한다. 제작진의 지적에 이승기는 자신의 실수를 깨닫는다. 그리고 그동안 열정 하나만으로 눈앞에 닥친 일부터 해내려고 한 자신의 잘못을 빠르게 인정한다.

이후 이승기는 진정한 '성장형 짐꾼'으로 '변환'을 시작한다. 《내 삶에 변화가 찾아올 때》를 쓴 윌리엄 브리지스는 변화에는 크게 외적 변화와 내적 변화가 있다고 한다. 외적 변화는 이사, 이직, 결혼, 취업, 합병 등 회부 환경이 변하는 것을 의미한다. 반면 내적 변화는 심리적인 것으로 변화를 자신의 삶 속으로 받아들이기 위해 겪는 과정이다. 즉 기존과는 다른 사고, 행동, 태도의 변화를 가리킨다. 결론적으로 진정한 변화가 일어나기 위해서는 반드시 '변환'이 동반되어야 한다.

첫 번째 변환은 그 어떤 일보다 누나들이 행복하고 편안하게 여행하는 데 '우선순위'를 두고 행동한다. 누나들이 만족할 만한 숙소를 빠르게 예약하고, 누나들이 장보기를 하는 사이 숙소 위치와 숙소 상황, 음식점을 꼼꼼하게 체크하고 사전답사까지 한다. 누나들이 기다리지 않도록 빨리 모시러 가고, 편안한 이동을 위해 숙소에서 가장 가까운 주차장 위치를 알아본다.

두 번째 변환은 '사전에 필요한 정보를 탐색하고 노트에 기록'하기 시작한다. 이승기는 터키에서 크로아티아로 넘어가는 비행기 안에서 노트에 엄청나게 필기를 하기 시작한다. 다음 여행지에서 숙소로 가는 교통편, 모든 경우의 수를 생각하여 가격까지 상세하게 정리한다. 현지인들에게 질문할 때 단어를 몰라 그때마다

온보딩

인터넷과 책을 찾아 물어보는 데 시간이 걸린다는 점을 감안하여, 여행지에서 사용할 주요 크로아티아어를 정리했다. 크로아티아 공항에서 이승기가 빨리 움직일 수 있었던 이유는 노트에 크로아티아어로 써놓은 '반 옐라치치Ban Jelačić(크로아티아의 수도 자그레브에 있는 광장)'라는 단어를 현지인에게 바로 보여줬기 때문이다.

세 번째 변환은 '실수하지 않기 위해 묻고 또 물어본다.' 이승기는 6번 트램을 타야 한다는 것을 알았지만 실수하지 않기 위해 현지인에게 묻고 또 물어본다.

세 가지 변환은 '짐 승기'를 누나들을 가이드하는 진짜 '짐꾼'으로 만들어주었다. 이승기는 말한다. 자신을 바꾼 건 공부하고 또 공부하고, 뛰고 또 뛰고 꾸준히 노력했던 열흘의 시간이었다고 말이다. 누구나 처음은 서툴다. 시행착오가 있을 수 있다. 하지만 같은 상황에 어떤 사람은 성장하지만, 또 어떤 사람은 그렇지 않다. 그 차이는 어렵고 불평스러운 상황을 어떻게 받아들여 성장의 발판을 삼느냐에 달려 있다.

경력 입사자가 안정적으로 정착하기 위해서 절대적으로 필요한 지원이 동료들의 심리적 지지와 응원이다. 그것을 얻기 위해서는 어렵고 힘든 상황에 불평과 불만을 일삼기보다 그 상황을 성장의 발판으로 삼아보자. 자신의 능력을 증명하는 기회로 바꾸는 일이다. 즉시 성장을 위한 '변환'을 시작해야 한다. 이승기가 〈꽃보다 누나〉에서 보여준 용기 있는 세 가지 변환은 경력 입사자들이 기존 구성원의 마음을 얻는 데 필요한 필수 변환 요소다.

첫 출근 D-1,
'꿀사과-아웃라이어' 면역력 1포를 먹어두자!

조직행동 연구인 '독사과 실험'을 소개한다. 공격적이고 도전적인 행동, 노력을 기울이지 않는 태도, 무기력하고 풀 죽어 있는 모습, 이렇게 세 가지 독사과가 조직의 팀워크에 얼마만큼 균열을 가져오는지 알아보는 실험이다.

세 가지 독사과 행동은 거의 모든 집단의 성과를 30~40% 정도 떨어뜨렸다. 독사과 미션을 받은 사람이 회의 중간 조용히 피곤한 티를 내다가 책상 위에 엎드리는 행동을 취했더니, 회의 활력이 급격히 떨어졌다. 이윽고 나머지 3명도 비슷한 행동을 취했다. 연구진은 실험을 하기 전 이런 독사과, 즉 조직의 균열을 일으키는 나쁜 행동을 하면 누군가는 분명 화를 낼 거라고 예상했지만 아무도 화를 내지 않았다. 오히려 '조직 분위기가 이런 식으로 흘러간다면 나도 그렇게 할 거야'라는 심리가 훨씬 더 많이 작

용했다.[3]

모두가 독사과에 넘어간 건 아니다. 예외적인 그룹도 있었다. 아웃라이어 그룹은 독사과 미션을 받은 사람이 팀워크에 방해되는 행동을 할 때마다 상황을 바꾸기 위해 작지만 아주 중요한 행동을 하기 시작했다. 껄껄 웃거나 미소를 짓고, 더욱 사려 깊고 자상한 태도를 취했다. 중간에 화제를 돌리기도 하고, 방해 공작을 펼치는 사람을 향해 "당신은 이것에 대해 어떻게 생각하나요? 당신 생각은 어때요?"라며 질문을 던지고, 그 사람이 답변을 할 때 열심히 경청하며 적절한 반응을 보여주었다. 이렇듯 독사과의 방해 공작을 무력화한 아웃라이어 그룹의 행동은 조직의 팀워크를 강화하는 꿀사과라고 할 수 있다.

이 실험에서 알 수 있듯이 함께하는 사람들의 동기, 의욕, 감정의 영향력은 생각보다 엄청나다. 설레고 기대되는 마음으로 첫 출근을 했는데 막상 일해보니 생각했던 것과 많이 다를 수 있다. 사람들이 자신의 일을 처리하느라 나에게 관심이 없을 수 있다. 뿐만 아니라 함께 일해야 하는 팀원들이 조직에 대한 불만, 실망 가득한 마음을 가지고 있을 수 있다. 나아가 그 마음을 새로 들어온 나에게 표정, 눈빛, 자세, 태도, 손짓, 발짓 등 온몸으로 독사과를

---

3 대니얼 코일, 《최고의 팀은 무엇이 다른가》, 웅진지식하우스, 2022

표현할지도 모른다. 독사과에 말려 '아차, 잘못 들어온 것 같다. 얼른 발 빼자'라는 생각을 할 수 있지만, 그 순간을 경계해야 한다. 모든 조직에 독사과 같은 사람은 있기 마련이다. 단지 그런 사람을 좀 더 빨리 겪었을 뿐이다. 독사과에 감정적으로 반응하고 심각하게 받아들이면 성공적 정착은 어려워진다.

셀트리온 서정진 회장은 유튜브 연설에서 '성공하고 싶다면 절대 혼자서는 성공할 수 없다'고 강조했다. 반드시 옆에서 나를 도와주는 사람이 있어야 하는데, 그러려면 다른 사람이 좋아하는 사람이 되라고 말한다. 회사에 입사해서 나로 인해 회사 분위기를 밝게 변화시킬 수 있는, 즉 자기 주변을 밝게 바꿀 수 있는 사람이라면 무엇이든 할 수 있고 성공한다고 힘주어 말한다.

첫 출근 날부터 독사과 공격을 받게 된다면, 당황하지 말고 꿀사과로 방어하자. 나의 멘탈도 지키면서 대인관계 역량도 뛰어난 사람이라는 평판을 얻을 수 있다.

첫 출근 전 준비 목록

보이는 것	보이지 않는 것		
칫솔&치약	D-3	D-2	D-1
슬리퍼			
다이어리, 필기구			
스마트폰 충전기	'긍정-인정'	'성장-변환'	'꿀사과-아웃라이어'
텀블러	면역력 1포 섭취	면역력 1포 섭취	면역력 1포 섭취
핸드크림			

02 입사 D-DAY, 어떻게 시간을 보내야 할까요?

이파란 선임의 첫 이직, 첫 출근 날이다. 신입 공채에 낙방하고 눈물을 머금었던 그 회사에 드디어 입성한다. 통근 버스에 탑승하고 보니 이제야 실감이 난다. 합격 통지 문자 메시지를 꺼내본다. 그날의 감격이 떠올라 다시 설렌다. 안내받은 장소에 도착하니 인사팀 팀장님이 마중 나와 계신다. 근로계약서를 작성하고 바로 오리엔테이션이 시작되었다.

1부는 팀장님께서 회사 역사와 함께 사업 구조 전반을 소개해 주셨다. 2부는 온보딩을 전담하는 책임님이 필수적으로 알아야 할 인사 제도 등을 숙지할 수 있도록 도와주셨다. 궁금한 게 생기

32

면 어디에서 정보를 확인하고 누구를 찾으면 될지 안내해주셨다. 마무리는 회사 투어였다. 자주 사용하게 될 공간 위주로 층을 옮겨가며 설명해주셔서 물품 위치까지 잘 알 수 있었다.

최종 종착지는 내 자리였다. 자리엔 웰컴 키트가 놓여 있었고, 팀원들의 환영 인사가 붙어 있었다. 눈이 마주친 주변 동료들과 가볍게 인사를 나누며 자리에 앉았다. 이제야 한시름 놓인다. 자리에 놓인 노트북을 부팅하는 사이 온보딩 메이트로 매칭된 분이 다가왔다. 본인 소개와 함께 팀 멤버들 한 명 한 명 인사시켜 주었다. 팀 내 인사가 끝나자 주변 팀의 리더들 자리를 돌며 소개해주었다. 이렇게 차곡차곡 시간을 보내다 보니 점심시간, 팀장님께서 구내식당 식사권을 건네며 함께 가자고 한다. 약간 긴장됐지만 티타임까지 이어지면서 한결 편안해졌다.

다행히 팀장님과 케미는 잘 맞겠다는 상상을 하면서 올라오니 3부 팀 내 OT가 시작되었다. 아까 그 메이트분을 통해 팀은 어떤 일을 하고, 부서 간 업무 연계는 어떻게 되는지 상세한 설명을 들을 수 있었다. 숨 가쁘게 시간이 흘러갔지만 막연한 걱정이 가시며 머리가 더 맑아지는 기분이었다.

모든 프로세스를 마치고 자리에 앉고 보니 오후 2시 반, 안내받은 서버 링크에 들어가 오피스 환경 세팅을 하나씩 해나갔다. 옆자리 선임이 커피를 건네며 궁금한 거 있으면 언제든 물어보라고 한다. 이것저것 만지다 보니 금세 시간이 지나 퇴근 시간 10분 전이다. 메이트가 다가와 오늘 어땠는지, 어려운 점은 없는지 물어본다. 정시 퇴근하고, 내일은 어떻게 보내게 될지 간략하게 브리핑해주며 마지막 인사를 건넨다.

요즘 직원 경험을 위해 신규 입사자의 온보딩에 공을 들이는 회사들이 많다. 하지만 여전히 신규 입사자는 모든 것이 낯설고 어리둥절하다. 그렇다면 현실 버전의 입사 첫날, 첫 주는 어떻게 보내야 할까?

D-day 2시간 전, 정장 입고 가야 하나요?

출근 일이 다가오면 하게 되는 고민이 '뭐 입고 가지?'이다. 그래도 첫날인데 정장을 갖춰 입어야 하나 싶다가도 너무 고지식해 보일까 염려되기도 한다. 대외적으로 비치는 조직문화를 감안해 편안하게 입고 가야 할까 싶어 티셔츠를 꺼냈다가 그래도 첫날인데 이건 아니다 싶다.

최선의 선택은 무엇일까? 면접 때 안내해준 인사 담당자들의 복장을 떠올려보라. 그 정도의 스타일이면 된다. 곁눈질로 사무실 분위기를 엿봤다고 하면 그때 느껴지는 전체적인 분위기에 걸맞게 선택하면 된다. 회사마다 복장 문화가 다르기 때문이다. 그런데 비대면 면접으로 진행해서 정보가 없다면 어떻게 할까? 회사블로그나 인스타 등 SNS를 통해 엿보면 실패할 확률이 줄어든다. 해외여행 갈 때 어느 계절의 옷을 가져가야 할지 헷갈리면 그 나라 사람들의 인스타 몇 개를 참고하듯 말이다.

D-day 30분 전, 설마 지각하겠어?

첫날 지각은 직장인에게 치명적이다. 일은 시작도 안 했는데, 불성실하고 책임감 없는 이미지를 심어주기 딱 좋다. 억울한 시작이 되지 않으려면 반드시 30분 전에는 도착한다는 마음으로 나서보자. 근무지가 면접 봤던 장소와 다르다면 출근길 변수도 고려하자. 빨리 도착했더라도 30분 전에 등장하는 건 이상적이지 않다. 자리가 어디인지 몰라 쭈뼛거릴 수도 있지만, 이런 어정쩡한 상황을 방지하려면 출근 전에 몇 가지 정보를 정확히 확인해두는 게좋다. 몇 시까지 어디로 도착해서 누구에게 연락하면 되는지와 입문할 수 있는 방법을 정확히 알아두자. 그래야 맞이하는 사람도 계획한 대로 진행할 수 있고, 나 또한 불필요한 긴장감을 가중하지 않고 여유 있게 시작할 수 있다.

D-day 정각,
온보딩의 파도를 탔다. 메다익션!

가장 기피하는 신규 입사자가 어떤 유형인 줄 아는가? 물음표 살인마! 업무 흐름 깨고, 자꾸 물어오면 누구라도 성가시지만 그래도 나아질 미래를 꿈꾸며 참을 만하다. 진짜 싫은 건 이미 알려준 내용을 자꾸 되묻는 것이다. '물음표 살인마', '질문 폭격기'라는 별명과 함께 기피 대상이 되지 않으려면 지금부터 열심히 메모하자. 수첩도 좋고, 태블릿도 좋다. 어디든 적고 기록해야 한다. 요즘은 많은 자료가 데이터베이스화되어 있기 때문에 나중에 찾아보면 되지만, 어디 들어 있는지 몰라 그걸 묻게 되는 경우가 많다. 온보딩 기간 동안에는 엄청나게 많은 정보가 쏟아져 들어온다. 그들은 다 아는 사항이라 쓱쓱 지나가지만 나에겐 아직 낯설어서 정보가 체계적으로 들어올 수 없다. 들을 때는 잘 알 것 같지만 기억은 금세 증발해 버린다.

그렇다면 어떻게 메모하는 게 좋을까? 뭐든 다 적어야 하나? 불가능하다. 효율적인 메모가 되기 위해서는 세 가지 측면을 감안하여 기록하라.

첫째, 메모는 당장이 아니라 미래에 찾아보기 위해서 하는 것이다. 궁금하고 필요할 때 어떤 파일을 열어보면 될지, 누구를 찾아가면 도움받을 수 있을지 기록해두는 것이 낫다.

둘째, 기록해둬야 할 정보의 구조를 만들고 메모를 집어넣어라. 취업규칙부터 인사평가 제도, 인수인계 사항, 사업 구조, 제품 정보까지 끝도 없이 밀려들어오는 정보를 마구잡이로 쌓아두면 결코 찾을 수가 없다. 새로운 카테고리의 정보가 들어올 때 바로 폴더를 생성하고 구조의 형태를 바꾸는 게 필요하다. 회사 전체 폴더 어딘가에 있더라도 내가 숙지해야 할 정보는 따로 구분해두는 게 좋다. 파일이 크다면 복사하기보다는 링크 주소를 연결해두면 된다.

셋째, 나중에 찾아봐도 될 텍스트가 아니라 컨텍스트를 적어야 한다. 구전으로 내려오는 생존 필살기 같은 정보들이 있다. 핵심 이해관계자에 대한 정보일 수도 있고, 몸으로 익힌 케바케 대응 꿀팁일 수도 있다. 이 메모가 훗날 피가 되고 살이 되어 온보딩 기간을 3개월은 앞당겨 줄 수 있다.

D-day 점심,
먼저 점심 먹자고 말해도 된다

'든 자리는 몰라도 난 자리는 안다'는 속담을 퇴사자가 발생할 때마다 실감한다. 안타깝게도 든 자리는 모르는 법이다. 손님 같은 마음으로 등장하면 내 마음만 아프다. 그냥 새로운 고객을 만나러 간다는 생각으로 적절한 긴장감을 유지하는 게 낫다. 점심시간이 다가와도 누구 하나 밥 먹으로 가자고 권하지 않을 수 있다. 손님이 왔다고 한 상 거나하게 차린 환영회 자리가 있을지도 모른다는 상상은 애초부터 하지 말자. 중요한 고객님을 접대하는 마음으로 내가 먼저 슬쩍 점심 약속을 제안하는 편이 낫다. 한 명을 지목한다면 내 옆자리 짝꿍이다. 세심한 배려가 있다면 사수 옆자리이겠지만, 그렇지 않으면 업무 지형도를 고려해서 배정받은 자리일 것이다. 앞으로 얼마나 많은 궁금증이 생기겠는가? 이를 해소하는 데 가장 많이 이용할 채널이 옆 짝꿍이다.

이 회사에 잘 적응하는 데 가장 중요한 세 사람이 있다면 상사, 옆자리 동료, 인사담당자이다. 소프트랜딩을 위해서 네트워크 구축을 잘해야 한다고 많이들 조언하는데, 네트워크의 출발은 바로 옆자리 동료로부터 시작하는 거다. 내 짝꿍이라고 생각하고 호기심을 갖고 책상을 살펴 스몰 토크를 시도해보라. 부담스럽지 않은

온보딩

관심은 그 사람에게도 즐거운 기대가 될 것이다. 다시 한번 강조하지만 아쉬운 사람은 나다. 앞으로 닥쳐올 큰 스트레스를 막으려면 오늘 "괜찮으시면, 같이 점심 드실래요?"라고 작게 용기를 내보자. 대부분은 "Yes"라고 답해줄 것이다.

D-day 오후 2시, 일이 없는데 어떡하죠?

업무에 필요한 모든 것을 미리 세팅하자. 첫날의 일은 생산성 향상을 위한 각종 툴을 설치하고 익히는 게 일이다. 다음 체크리스트를 참고하여 최대한 빠르게 작업해보자. 한 달 뒤에 확인하면 민망해지는 것들이다. 이 일만 하기에도 퇴근 시간까지 빠듯하리라.

1. **메일:** 아웃룩에 사내 이메일 주소를 연결하고, 이메일 서명을 만들어라. 자주 주고받는 유형이 있다면 몇 개 샘플로 전달받고 템플릿을 저장해둔다. 설정이 완료되었다면 테스트를 겸해 첫 메일을 발송한다. 회사 또는 부서 전체를 수신자로 한 첫인사가 좋겠다. 모두와 인사를 나눌 수 없었을 터라 자연스

럽게 눈도장을 찍을 수 있을 것이다.

2. **소통 툴:** 사내 메신저를 세팅하는 건 최우선이다. 단순히 대화를 주고받는 수준이 아니라 슬랙처럼 많은 정보 누적과 소통이 동시에 이뤄지는 공간일 수 있다. 기능을 익히는 데 시간이 걸린다면 주요 핵심 기능 위주로만 먼저 확인해두는 게 필요하다. 내가 알아야 할 정보를 놓치고 있을 수 있으니 최우선 과제로 생각하고 익히자.

3. **즐겨찾기:** 옆자리 동료 또는 온보딩 메이트를 통해 '북마크' 정보를 확인하라. 그들이 수시로 드나드는 곳이라 상단에 걸어두었다면 나 또한 그럴 가능성이 크다. 북마크 정보만 확인해도 속도감 있게 업무를 처리하는 데 큰 도움이 될 것이다. 그리고 서버 폴더 중 즐겨찾기로 등록된 것도 있을 것이다. 동일하게 설정해두면 이후 세부 업무를 학습해가는 데 꽤 용이할 것이다.

4. **복합기:** 반드시 프린트 한 장은 해보길 권한다. 비슷한 듯 다른 게 복합기 설정이다. 기본 설정이 어떻게 되어 있는지 확인하고 테스트해두자. 가장 기본적인 오피스 기기 활용을 뒤늦게 묻게 되는 일이 없을 것이다. 스캔이나 팩스, 이면지 활용과 같은 세세한 룰까지 확인해두면 어수룩한 신규 입사자 티를 빨리 떨쳐낼 수 있다.

5. **전화:** 콜 포비아^{Call Phobia}라도 기본 응대를 위한 방법을 익혀 두어야 한다. 특히 돌려주기 기능을 정확하게 알지 못해 당황하는 경우가 많다. 사내 연락망을 잘 보이는 곳에 붙여두고, 돌려주기 기능은 크게 써두자. 불시에 걸려오는 전화를 돌려주지 못하면 주변에서 조마조마해 단체로 가이드하는 상황이 벌어진다. 겪고 싶지 않다면 미리미리 학습!

6. **협업 툴:** 노션, 투두리스트, 플로우, 잔디 등 회사에서 공식적으로 활용하고 있는 협업 툴이 있을 수도 있다. 협업이 활발하게 이뤄지는 곳이라면 툴을 능숙하게 다루는 정보가 업무 능력이 될 수 있기 때문에 깊이 있게 학습할 필요가 있다. 가장 빠르게 익힐 수 있는 방법은 먼저 진행된 프로젝트에 초대되어 시작부터 끝까지 구석구석 살펴보는 것이다. 익숙한 툴이 아니라면 며칠 시간을 내서 그 기능을 익혀야 할 수 있다. 빠르게 섭렵하라.

7. **업무관리 툴:** 개인의 업무관리 툴이 있다면 미리 설정해두는 게 필요하다. 요즘은 빠르게 온보딩을 요구하는 터라 금세 일이 치고 들어올 수 있다. 태스크 관리를 위한 것부터 활용할 정보, 학습할 자료들을 누적할 공간을 미리 마련해두는 게 좋다. 업무 유형에 따라서 적합한 툴이 다를 것이므로 이건 동료 몇 명에게 노하우를 전수받는 게 좋겠다. 이들도 이것저것

시도해보다 업무 패턴에 맞는 툴을 찾아 정착했을 거다. 시행착오를 줄이려면 짐작하지 말고 묻고, 적극적으로 벤치마킹하자.

D-day 퇴근 2시간 전, 조직도는 구구단 외우듯이 달달달

일도 익혀야 하고, 사람도 익숙해져야 하는데 언제쯤 가능하나 싶어서 마음만 급한가? 이때 가장 중요한 도구가 조직도와 자리 배치도다. 인사팀에서 나눠주면 한번 훑어보고 치워두는데, 그러기엔 정말 중요한 자료다. 거기에 모든 게 들어 있다. 조직도의 구조를 보면 사업이 어떻게 돌아가는지 보인다. 무엇이 주력 사업이고, 어떤 신규 사업이 시도되고 있는지도 보인다. 부서명을 통해 직무도 짐작해볼 수 있다. 독특한 부서명이 보인다면 물어서 확인해야 한다. 부서장 명은 별도로 표기되어 있을 것이므로 가능하면 암기하자. 대화하다 보면 부서명이 아니라 부서장 명이 언급되면서 업무 소통이 이뤄지기도 하기 때문이다.

이 자료가 진정한 묘미를 발휘하려면 독해자가 필요하다. 부서 간 역학 관계를 설명해줄 사람이다. 주요 이해관계자는 어떤 히스

온보딩

토리를 갖고 있고, 업무 진행 시 유의해야 할 점은 무엇인지 듣게 되면 조직도가 훨씬 입체적으로 보일 것이다. 그리고 이제 팀원들의 이름을 유심히 보자. 가장 긴밀하게 일할 동료들이다. 이 중 한두 명은 이름을 불러보길 권한다. '책임님' 하면 될 것은 '○○ 책임님'이라고 애써 불러보는 것이다. 예상치 못한 호명에 상대방은 더 친근하게 느낄 것이다. 이 정도 센스면 일도 빠르게 습득하겠구나 하는 긍정적 인상을 심어줄 수 있다. 일주일이 지나기 전에 이렇게 모두의 이름을 한 번씩은 불러주자.

D-day 퇴근 직전, 자칫 코끼리 뒷다리만 만질 수 있다

신규 입사자는 한동안 막 불려 다니거나 무한 방치되는 경우가 많다. 알아서 하라는 것도 답답할 노릇이지만 이것저것 가르쳐주겠다며 이리저리 불려 다니는 것도 피곤한 일이다. 이렇게 몇 차례 호출당하다 보면 굉장히 지엽적인 업무에 치이기 십상이다. 입사자를 놀리면 안 된다는 강박에 소소한 일거리를 쥐여주는데, 익숙한 게 아니다 보니 상당한 시간이 소요된다. 이렇게 업무를 수동적으로 받다 보면 코끼리 뒷다리 만지는 격이 될 수 있다. 사업과 수익 모델도 정확히 파악하지 못한 채 시키는 일을 하게 되는 것이다.

내 업무의 운전대는 내가 잡아야 한다. 뭘 할지 몰라 멍하니 있을 것 같아 일을 만들어줄 때가 많다. 온보딩은 회사가 해주는 게 아니라 내가 하는 것이다. 단지 더 빠르게 할 수 있도록 도와주는 사람이 있을 뿐이다. 큰 파도에 휩싸이기 전에 온보딩 계획을 세우자. 세부적인 업무로 들어가기 전에 코끼리 전체를 파악해야 한다. 그래야 왜 이 업무를 주는지 명확히 알고 응용할 수 있기 때문이다. 내일은 이 회사가 무엇을 누구에게 얼마나 팔고 있는지 파악하는 날이어야 한다. 자료를 통해 파악할 수도 있고, 누군가에게 설명을 요청해야 할 수도 있다. 장담하건데 몇 년을 다니는 직원도 정확히 모를 거다. 서두르지 말고, 운전대를 꼭 쥐고 남다르게 시작하자. 내일의 To do는 코끼리를 그려보는 거다!

03 괜찮은 사람으로
봐졌으면 좋겠어요

첫인상이
끌인상이 되는 이유

　직장인 커뮤니티엔 왜 그렇게 첫 출근 복장에 대한 질문이 많이 올라올까? 괜찮은 사람으로 봐졌으면 하는 바람이 인간의 기본 욕구이기 때문이다. 새로운 조직의 구성원들이 나를 괜찮은 사람으로 봐졌으면 하는 마음이 있다면 꼭 알아두자. 첫인상은 3초 안에 결정되고, 이를 바꾸는 데는 40시간이 필요하니까 말이다. 언젠가는 나의 진면목을 알아줄 거라며 안이하게 시작했다가 크게 후회할 수 있다. 40시간이면 한 일주일 노력하면 되겠나 싶지만 그게 아니다. 처음 정보를 뒤엎을 만큼 긍정적인 정보가 나를 접할 때마다 지속적으로 누적되어야 한다. 꽤 신경 쓰여서 그것에 공을 들이느니 첫 단추를 잘 끼우는 게 훨씬 현명한 것이다.

상대방에게 첫인상을 남길 기회는 단 한 번인데, 그 짧은 시간에 상대방에 대한 전반적인 평가가 끝난다고 하니 몹시 잔인하다. 하지만 이는 심리학에서 자주 언급되는 '초두 효과' 힘이다. 초두 효과는 처음 제시된 정보 또는 인상이 나중에 제시된 정보보다 기억에 더 큰 영향을 끼치는 현상을 말한다. 우리 뇌의 관성 때문에 처음 입력된 정보를 바탕으로 정보를 받아들이기 때문이다. 메라비언Mehrabian 법칙을 상기하자. 상대방에 대한 인상이나 호감을 결정하는 데 있어서 보디랭귀지는 55%, 목소리는 38%, 말의 내용은 7%만 작용한다는 것이다. 비언어적 요소가 거의 90% 이상을 차지하는 것을 보면 첫 등장, 첫인사가 얼마나 중요한지 알 수 있다. 첫 출근이라고 잠을 설쳐 허겁지겁 나오다 보면 적합한 복장도 적절한 인사도 못 건넬 수 있다. 이렇게 구겨진 첫인상은 쉽게 회복되기 어려우니 특별히 주의를 기울여야겠다.

호감형 인상
만들기

그렇다면 어떤 것이 좋은 인상일까? 호감이 가는 인상이다. 호감은 좋아 보이는 감정이다. 실제 좋은 사람인지 판단을 유보한 채 왠지 그런 느낌을 갖는 것이다. 좋은 사람이라는 것은 상대적인 요소가 있다 보니 사람마다 다른 평가를 할 수 있지만, 호감형 인상은 누구라도 줄 수 있다. 다음은 호감형 인상을 만들어내는 핵심 세 가지다.

첫째, 미소 짓기!

첫인상이 3초 안에 결정된다고 하는 이유는 감정이 작용하기 때문이다. 첫인상은 상대가 나에게 느끼는 첫 감정이다. 그래서 말이 아닌 나의 표정으로 결정된다. 어떤 사람을 처음 만났는데 그 사람이 가식적인 웃음이 아니라 날 보면서 환하게 웃어주면 긴장이 풀리고 환영받는 느낌도 들고 심지어 존중받는 느낌까지 든다. 반면 무표정한 얼굴에서는 불안함과 두려움을 느끼게 할 수 있다. 다가가기가 부담스러울 수밖에 없다. 지금부터 거울을 보고 미소 짓는 연습부터 해보자.

둘째, '당신과 친해지고 싶어요' 느낌 풍기기

여러 사람을 처음 만나는 자리에 나갔을 때, 유독 어떤 사람에게 더 끌리는지를 생각해보면 자연스럽게 공감하게 될 것이다. 나에게 관심을 갖는 사람에게 나도 관심을 갖기 마련이다. 첫 만남에서 관심 있다는 걸 표현하는 방법에는 뭐가 있을까? 그중 하나가 질문과 리액션이다. 질문에 대한 답을 진심으로 경청해주고 좋은 리액션까지 해준다면 좋은 이미지를 보여주게 된다. 나는 내향형이라 리액션은 부담스럽다고 생각하고 있는가? 앞에서 언급한 미소 짓기도 리액션이 될 수 있다. 태어난 지 6개월 된 신생아에게 웃으면서 말을 걸어보자. 바로 웃음으로 반응해올 것이다. 내가 미소를 보이면 상대도 무의식중에 나를 모방하게 된다. 처음이라 적극적인 리액션이 어렵다면 간단한 대구와 함께 웃음을 보이는 것부터 시작하자.

셋째, 이름 불러주기

처음에 만났을 때 한번 말한 이름을 다음번 만남에서까지 기억하고 불러준다면 그 사람은 정말 달리 보일 것이다. 다수의 사람을 한꺼번에 만나다 보니 이름을 외우려는 노력이 없으면 쉽게 휘발될 것이다. 이름을 잘 외우려면 이름을 듣자마자 몇 번 되풀이해보고, 또 그 사람의 전반적인 이미지와 함께 기억하는 노력이 필요하다. 사진을 확보하고 그 특징을 기록해두는 게 가장 효과적인 방법이니 인사팀의 도움을 받을 수 있을지 컨택해보라. 보정된 사진이라 더 헷갈린다고 하는 사람들이 있는데, 이때는 최근에 찍은 단체사진을 출력해서 활용해보는 것도 좋겠다.

첫 출근 날 꼬여서 첫인상이 망쳤다는 생각이 들더라도 너무 절망할 필요는 없다. '빈발 효과 Frequency effect'를 기억하자. 보통 사람들은 첫인상의 영향을 받지만, 반복되는 경험을 통해서 무의식적으로 그 사람에 대한 인식을 재정비한다. 따라서 시간이 가면서 축적된 여러 경험의 영향이 더 커지게 되고, 이것은 초두 효과와 반대되는 현상인 '빈발 효과'의 영향을 받게 된다. 첫인상이 좋지 않더라도 반복해서 제시되는 행동이나 태도 등에서 긍정적이고 호감 가는 모습의 정보가 쌓이면 점차 좋은 인상으로 바뀔 수 있다. 시간이 걸리긴 하지만 진정성이 결국 이긴다. 사내 카페에서 대화하다 보면 깜짝 놀랄 때가 있지 않은가? 멀리 떨어져 있는데 어떻게 알았지? 싶게 결국 그 사람이 어떤 사람인지 모두 다 알게 된다. 비록 처음에 호감을 얻지 못해 고전했더라도 진정성을 가지고 지속적으로 노력한다면 당신은 분명 매력적인 동료가 될 수 있다!

자기소개
너무 부담스러워요

아직 역전의
기회는 있다

솔로 남녀들의 극사실주의 데이팅 프로그램 〈나는 솔로〉는 대인관계에서 자기소개 영향력이 얼마나 큰지 잘 보여준다. 특히 16기 돌싱 특집에 나왔던 '상철'이라는 인물은 솔로나라의 꽃이라 불리는 자기소개 타임의 수혜를 입은 대표적인 인물이다. 왜냐하면 상철은 한번 굳어지면 웬만해선 절대로 바꿀 수 없다는 첫인상의 룰을 깨고 자기소개로 이미지 대반전을 이루었기 때문이다.

'시애틀 유교보이'로 불리는 상철의 솔로나라 입성 첫날 등장은 강렬하다 못해 독특했다. 남녀의 첫 만남 자리는 이성에게 호감을 줄 수 있는 비주얼이 가장 중요한 부분인데, 상철은 모두의 예상을 깨고 포효하는 사자가 그려진 옷을 입고 왔다. 사자 옷을 입고 나타난 상철을 보고 출연자들은 놀라움을 금치 못했다. 처음엔 그러려니 했는데, 이어서 판다와 강아지가 그려진 옷을 입고 나온다. 왜 이런 옷을 입었냐는 질문에 자신은 동물을 진심으로 좋아하는 사람이라고 답한다. 인터뷰 때는 "형수님이 집안일을 다 하시는데 자신의 아내도 형수님처럼 집안일을 다 할 줄 알았으면 좋겠다. 부엌은 와이프의 공간이라고 생각한다"며 요즘 시대에 보기 힘든 유교적 마인드를 보여줬다. 결론적으로 상철의 첫인상은 독특 그 자체, '말이 잘 통할 수 있을까?' 걱정이 들 정도로 촌스러운 이미지가 강했다.

모두가 기대하는 솔로 나라의 꽃! 자기소개 타임이 됐다. 상철은 그동안 입었던 현란한 동물 옷은 벗어두고, 깔끔한 화이트 셔츠를 꺼내 입었다. 옷 하나만 바꿔 입었을 뿐인데, 모두 상철에게 "이런 모습도 있었네요"라며 긍정적 반응을 보인다. 이윽고 차례가 돌아오고, 상철은 자기소개를 시작한다. 중학교 때 미국으로 이민을 가서 쭉 미국에서 살았다. 대학 때는 육상선수로 활동했는데 발목 부상으로 그때부터 공부를 시작했다. 지금은 비행기를 제작하는 보잉사에 공급 관리사로 재직 중이다. 취미로 한 게임 모딩이 미국과 유럽 뉴스에도 실린 적이 있을 정도로 수준급이며, 동물을 좋아해서 동물에 관한 정보를 수집하는 것을 좋아한다고 했다.

자기소개 후 이미지 대반전, 상철에 대한 호감도가 급상승했다. 자기소개 전에는 좀 이해가 안 되는 독특한 사람이었는데, 자기소개 후에는 뭔가 범접할 수 없는 멋진 사람이 되었다. 이유가 뭘까? 그것은 상철이 다른 사람에 비해 좋은 환경과 스펙을 가지고 있기 때문만은 아니다. 솔로나라 참가자들이 꼭 듣고 싶어 하는 내용 위주로 취사선택, 진정성 있게 말을 잘했기 때문이다. [4]

역전의 기회는 남아 있다. 첫 출근 날은 다들 업무 중이라 짧은 인사말만 하는 경우가 많다. 대개는 1~2주 후 회의, 회식 때 정식으로 자기소개 시간을 갖는다. 만약 첫인상을 망쳐서 후회된다면 다시 기회가 주어질 때까지 준비하자. 어떤 에피소드가 내가 조직에 잘 스며드는 인상을 줄 수 있을지, 또 어떻게 말해야 잘난 척한다고 오해받지 않으며 공감대를 형성할 수 있을지 고민해보자. 마지막 머리로만 시뮬레이션하지 말고, 온몸으로 연습하자. 그래야

---

4 남규홍, 〈나는 SOLO〉(리얼리티 예능, 2023년), ENA & SBS 플러스

온보딩

실전에서 멋지게 한 방! 홈런을 날릴 수 있다.

이불킥 안 하려면
철저히 준비하자

우리는 살아가면서 다양한 관계 속에서 내가 어떤 사람인지 소개할 일이 참 많다. 이직하여 새로운 조직에 들어가도 형식과 절차만 다를 뿐 처음에 꼭 빠지지 않고 해야 하는 게 자기소개다. 짧게는 1분, 길게는 5분 정도의 시간 동안 임팩트 있으면서도 매력적이고 괜찮은 사람이라는 인상을 강하게 남기고 싶다. 이유는 자기소개로 인해 첫인상이 결정되고 나면 이후 그 사람에 대한 다른 정보가 들어와도 사람들은 주의를 기울이려고 하지 않기 때문이다. 이 현상을 주의 감소Attention decrement 효과라고 하는데, 이 효과를 우리는 삶의 다양한 경험 속에서 여러 번 경험한 바 있다.

배우 임형준은 MBC 〈라디오 스타〉에 출연해 대학 시절 휴학했던 에피소드를 공개했다. 서울예대 신입생이었던 임형준은 자기소개 시간에 끼가 넘치는 동기들을 보고 '여기는 내가 다닐 데가 아니다'라는 생각이 들었다고 한다. 특히 동기 정성화가 앞구르기를 하면서 햄릿 대사를 했던 모습을 보고 나니 자신의 순서가 다가올수록 어떻게 해야 하나 걱정됐다고 한다. 다행히 자신의 순서 앞에서 소개하는 시간이 끝나 다음 시간으로 이월이 됐는데, 어떡해야 할지 고민하다가 휴학했다는 것이다. 예능 프로그램에서 웃자고 이야기한 에피소드이지만, 당시 자기소개 부담감이 얼마나 컸을지 짐작이 된다. 다른 사람의 화려한 자기소개를 듣고 있으면 부러운 마음도 들지만, 한편으로는 상대적 비교를 당할 생각에 씁쓸함과 좌절감이 느껴지기도 한다. 그리고 이런 마음이 드는 순간, 자신감은 점점 더 쪼그라든다.

'말할 때 꼭 웃어야 하는데…'라고 생각하면서 머릿속으로 자기소개 시뮬레이션을 여러 번 해본다. 하지만 막상 순서가 되면 머리가 새하얗게 되어 무슨 말부터 해야 할지 모르는 것이 자기소개다. 나의 의지와 상관없이 손, 발, 목소리가 덜덜 떨린다. 떨리는 몸과 목소리를 들키지 않기 위해 진땀을 흘렸거나, 예상했던 것보다 망치는 바람에 이불킥 했던 경험을 누구나 한 번쯤 해봤을 것이다. 그만큼 자기소개는 어렵고, 철저히 준비해야 하는 영역이다. 자기소개가 간단하고 아무것도 아니라고 생각해서 준비를 소홀히 했다가는 큰코다친다.

자기소개 이미지는 짧게는 1년, 길게는 퇴사할 때까지 구성원들의 머릿속을 점령할 수 있다. 매력적인 사람으로 강하게 어필하고 싶다면 철저히 준비하자.

<마음의 문을 활짝 열게 하는 자기소개 Tip 7>

1. 자기소개 내용은 간결하게 **1분**을 넘기지 않는다.
2. 잘난 이력은 **잘난 척으로 오해받지 않게** 잘 포장하자.
3. 새 조직에 스며들 **준비**(대인관계 역량)가 되어 있다는 시그널을 보내 호감을 유도하자.
4. 자기소개 문구에 새 회사나 조직명을 넣어 **센스**를 발휘하자.
5. 기존 구성원들과 **공통점**을 찾아 공감대를 형성하자.
6. 부드럽고 따뜻하면서도 자신감 있는 느낌이 들도록 **표정과 목소리**를 세팅하자.
7. 매력적인 자기소개는 그냥 되지 않는다. **수십 번 리허설**하자.

소프트랜딩 성공 노하우 전수: 시작

프로이직러 K 차장:
4번의 이직으로 연봉 2배

어학연수를 끝내고 귀국해서 스타트업으로 입사를 앞두고 있었습니다. 오랜만에 다시 이어가는 직장 생활이다 보니 긴장도 되어 다각도로 준비하는 시간을 가졌습니다. 우선 에버노트에 폴더를 만들었습니다. 회사 관련 폴더를 만들어서 정보를 쌓았고, 특히 최근 뉴스는 정독했습니다. 내용을 쌓다 폴더를 하나 분리했습니다. 대표님과 임원 관련 정보는 유의해서 보는 게 좋겠다고 판단했기 때문입니다. 창업 스토리와 수상과 협약 등의 기사를 보다 보니 회사의 히스토리를 대략 파악할 수 있었습니다.

그다음으로 폴더를 생성한 것은 스타트업 문화에 대한 것이었습니다. 직접 속해야 한다는 생각을 하니 그동안 '그 동네 분위기는 그렇대' 했던 것들이 현실로 다가왔습니다. 가상이었지만 그들이 쓰는 용어나 분위기를 시뮬레이션해보면서 첫날 어떻게 인사하고 어떤 차림으로 갈지 계획해볼 수 있었습니다.

마지막 폴더는 IT 관련 지식을 담는 곳이었습니다. 직무가 IT를 직접 다루진 않았지만 스타트업인 이상 피할 수 없는 영역이기 때문입니다. 기본적인 용어라도 알아야 소통이 가능할 거라고 판단이 들어 저만의 용어집을 만들기 시작했고, 입사 이후에도 지속적으로 업데이트하였습니다.

이렇게 사전 학습한 소스들은 입사 직후에 아주 요긴하게 사용되었죠! 대표님과 갑자기 독대하는 자리에선 신나서 얘기하실 만한 질문거리를 던지는 센스를 발휘할 수 있었고, 개발자 출신이냐는 질문을 받을 정도로 직무 관련 소통에 큰 어려움을 느끼지 않을 수 있었습니다. 하지만 다 성공했던 것은 아니었어요. 나름 생각해서 선택한 첫 출근 착장은 대실패였습니다. 너무 튀지는 말아야겠고, 첫 출근임을 감안해 심사숙고해 고른 건데, 온종일 모든 사람의 눈길을 사로잡았거든요. 크록스와 후드티를 교복처럼 입는 곳에서 세미정장에 명품백을 들고 서 있자니 아프리카 오지 마을에 들어선 선교사 같은 심정이었습니다. 최대한 피해 다니다가 퇴근하는 길로 각종 후드티를 잔뜩 구매했던 기억이 나네요.

프로이직러 A 과장:
3번째 스카우트 제의, 스톡옵션 받고 이직 성공

새로운 회사에 입성할 때마다 저의 테마를 미리 잡고 시작하는 편이에요. 포장하거나 속인다는 뜻이 아니라 직무를 잘 해나가는 데 용이한 캐릭터가 있거든요. 같은 직무라도 그 회사만의 특성에 따라서 기대하는 인재상이 있더라고요. 그래서 모든 이력을 오픈 하지 않고 보여주고 싶은 부분에 더 주목할 수 있게 하고 있어요. 이번 회사에선 입사자가 오면 자기소개 영상을 제작해서 올리게 되는데, 그때 이 부분을 고려해서 스크립트를 짰어요. 이전 이력 을 언급할 때 브랜드 인지도가 있는 회사명은 그대로 사용하였고, B to B를 상대하느라 인지도가 떨어진 회사는 '글로벌 전략 컨설 팅사였다'라는 식으로 표현하면서 직무와 관련된 것만 발췌해서 강조했습니다.

이렇게까지 해야 되나 싶지만 한번 박힌 인식은 앵커가 깊게 박 혀 쉽게 바꾸기 어렵기 때문에 수월한 출발을 위에 공을 들이는 편입니다. 어딜 가나 공통적으로 적용하는 콘셉트도 있습니다. 처 음엔 약간 '보수적인 편이구나' 하는 인상을 주려고 해요. 헐렁해 보이면 관리가 들어오거든요! 우리도 그러지 않나요? 안 보는 척 하면서 "이번에 온 누구누구 있지, ○○해 보이는데…" 하면서 메신저가 바쁘잖아요. 작은 단서 하나가 일파만파 퍼지다 보면 순식간에 저는 이미 그런 사람이 되어 있는 거죠. 사회 초년생 때야 시간이 지나면 다 알게 되는 줄 알았어요. 순진했던 거죠. 그 반전을 만들어내느라 애쓰느니 이륙하는 데 조금 더 에너지를 들이는 편이 낫다는 걸 경험으로 알게 됐네요!

PART 2

불안

◆

입사 초,
불안이 나를 사로잡을 때

"예측할 수 없는 데서 오는 감정이 두 갈래인데
하나는 불안, 하나는 설렘이더라고요.
결국 같은 배에서 나온 감정이라는 것.
이 감정에서 설렘의 피가 흐른다는 걸 잊지 마세요."
— 작사가, 김이나 —

모든 사람의 이름을
외워야 할까요?

연결된 자와
연결되지 못한 자

　서아리 과장은 중견기업에서 8년간 근무하다 헤드헌터 제안으로 대기업으로 이직하게 되었다. 높은 연봉과 나아진 근무조건을 다들 부러워했다. 신입사원 때부터 팀을 옮길 때마다 곧잘 "일 잘한다"는 평을 들은 터라 이번에도 잘 적응해낼 수 있을 것이라고 기대하며 첫 출근일을 기다렸다.

　첫 출근일, 자리를 안내받고 팀장 소개로 팀원들에게 인사한 후

자리에 앉았다. 자리에 있는 것은 컴퓨터 한 대와 노트 한 권. 무엇부터 시작해야 할지 막막하기만 하다. 주변 동료에게 눈인사를 건네보지만 다들 본인 업무가 바쁜지 가볍게 고개를 끄덕이며 인사할 뿐 별다른 반응이 없다. 신입사원 때는 선배들이 적극적으로 다가와 이런저런 업무를 가르쳐주기도 했고, 동기들과 모임도 있어 사람 사귀는 게 어렵지 않았다. 경력직 이직은 원래 이런 건지, 이 회사 분위기 때문인지 모든 것이 어색하고 답답하기만 하다. 온종일 이것저것 묻고 다녔지만 귀찮아하는 눈치여서 프린터 오류가 났을 때는 나 혼자 끙끙거리며 한참을 곤란해했다. 딱히 한 일도 없이 퇴근을 하고 보니 몸이 녹초가 되었다. 익숙한 직장을 떠나 새로운 조직에 온 게 잘한 일인지 고민하게 되었다. 과연 정말 잘한 선택일까?

이직을 경험한 경력 입사자들에게 "직장 생활에 적응하는 데 가장 어려운 게 무엇인가요?"라고 물으면 높은 비율로 "사람을 사귀는 게 너무 어렵다"고 답변한다. 많은 이유가 있겠지만 기저에는 불안감이 자리 잡고 있을 거다. 새로운 직장에서 적응하는 시기엔 에너지를 많이 소모하고, 순간순간 잘한 선택인지 의심한다. 사람도 일도 낯설다 보니 당연할 수 있다.

새로운 직장에 적응하다 보면 누군가의 도움이 필요하고 필연적으로 사내 네트워킹을 빠른 시일 내에 구축하는 것이 중요하다.

그러나 견고히 박힌 돌들 사이에서 굴러온 돌이 한자리 끼어들기란 생각만큼 쉽지 않다. 이때 "적응 잘하시려면 사람부터 잘 사귀어야죠!"라는 말을 들으면 반감만 생긴다. 사내 인맥 혹은 네트워킹이라는 단어가 언제부터인가 자신의 이득을 위해서 관계를 이용한다는 부정적인 의미로 활용될 때가 많기 때문이다.

반감만 가질 게 아니라 관점을 전환해보자. 사내 네트워킹 구축은 바로 내 업무의 역학 관계를 파악하기 위한 핵심 활동이다. 내위치에서 해야 할 역할을 정확히 알고, 업무 연결고리는 어떻게 얽혀 있는지 파악하는 일이 중요하다. 자신의 역할을 명확하게 알게 되면 설령 부담감은 있더라도 막연한 불안감은 줄어든다. 그러던 중 몇몇 동료와 연결점이 생기면 불안감은 한결 감소할 것이다.

입사 직후엔 누구라도 혼자다. 하지만 섬과 섬을 연결해 다리를 놓다 보면 일이 풀리고, 친구 같은 동료도 생긴다. 그러다 보면 같은 일이라도 경사가 완만하게 느껴지지 않을까? 다만, 사람마다 네트워킹하는 방식도 다르고, 하루아침에 네트워킹을 만들 수도 없다. 입사 초기부터 전략적으로 노력하되 긴 호흡을 가지는 것이 중요하다. 이때 주의할 것은 회사에 적응하려는 나의 노력이 사내 인맥부터 챙기는 경력직의 얄팍한 태도로 비치지 않도록 해야한다. 미래학자 제러미 리프킨은 《소유의 종말》에서 "가진 사람과 못 가진 사람의 격차도 크지만 연결된 사람과 연결되지 못한 사람의 격차는 더욱 크다"고 했다.[1] 새로운 직장에서의 시작은 적극적으로 연결하는 사람으로서 시작해보면 어떨까? 인생은 생각하기에 따라서 좋은 사람과의 거듭되는 만남이라는 사실을 되새기면서 말이다.

남들이 아는 걸
나도 아는가?

앞서 직장 생활을 성공적으로 적응하는 가장 기본적인 방법은 사내 네트워킹 구축임을 확인했다. 직장 내에서 진행하는 일은 그 속성이 대부분 혼자 하는 것이 아닐뿐더러, 업무를 효과적으로 수행하는 방법은 네트워킹을 통해서 확보한 정보력을 바탕으로 하기 때문이다. 그것이 당신이 새롭게 시작하는 직장이라면 더욱 그렇다.

사내 네트워킹 구축을 효과적으로 하려면 당신이 가지고 있는 성향과 조직의 상황에 따라 다음과 같은 방법들을 참고하면 좋다. 남들이 다 아는 정보를 나도 당연하게 알 때 관계는 편안해지고,

---

1 제러미 리프킨, 《소유의 종말》, 민음사, 2001

온보딩

일은 수월해질 테니까!

1. 공통된 관심사가 발견되면 스몰 토크의 소재로 삼으라. 아군이 될 것
   이다.
2. 공식적인 소모임이 있다면 무조건 참여하라. 첫 발판이 된다.
3. 장기 근속자 등에게 회사 내 주요 히스토리를 파악한다.
4. 도와주는 걸 즐겨 하는 테레사 같은 동료에게 적극적으로 도움을 요청
   하라.
5. 회사 내 네트워크의 중심에 있는 빅마우스와 연결되라.
6. 정보나 지식을 나누는 제도가 있다면 뭐라도 나누라.

이때 중요한 것은 너무 많은 대내 활동에 참여할 필요는 없다. 당신은 지금 사람뿐만 아니라 업무에도 적응해야 하고, 달라진 시스템도 익혀야 한다. 해내야 하는 너무 많은 일들 때문에 긴장된 모습으로 참여하는 활동은 오히려 역효과가 날 수 있다. 욕심부리지 말고 본인이 감당할 수 있는 에너지 수준에서 진행해야 지속할 수 있다.

키맨을 통한
키맨 되기

당신의 휴대폰에는 몇 명의 사람이 저장되어 있는가? 직장 생활을 하면서 이직을 한두 번쯤 해본 경력직은 카카오톡 친구가 몇백 명이 훌쩍 넘어가는 것은 기본이다. 물론 저장된 연락처가 모두 친구는 아니며, 거래처나 고객일 수도 있다. 하지만 온라인 네트워킹의 사회에서 그 수는 적어도 이전 세대보다는 평균적으로 훨씬 많은 것이 사실이다.

영국의 옥스퍼드대학의 진화생물학 교수인 던바는 한 사람이 사귀면서 믿고 호감을 느끼는 사람, 즉 진짜 친구의 수는 최대 150명이라고 주장한다. 이른바 '던바의 법칙'이다.[2] 던바 교수팀은 영국 시민들을 대상으로 연말 크리스마스 카드를 몇 명에게 보내는지 조사하였다. 그 결과 1인 평균 68곳이었고, 그 가정의 구성원을 포함하면 대략 평균적으로 150명이었다. 즉 150명은 평범한 한 개인이 맺는 사회적 관계의 최대치이다. 더 나아가 링크드인, 페친, 인친, 트친은 진짜 네트워킹을 대체할 수 없고, 어떤 사람이 매우 곤란한 상황에서 도움을 청할 수 있는 진짜 친구는 3~5

---

2 네이버 시사상식사전, 던바의 법칙

명이라는 것이다. 직장 생활에서의 사내 네트워킹 적용 방식도 크게 다르지는 않다. 제한된 시간 내에 얼마나 효과적으로 네트워킹을 구축할 것이냐의 관점으로 보면 모든 구성원을 전부 사귀겠다는 것은 비효율적인 접근일 수 있다. 네트워킹의 대상을 특정하고, 정해진 시간 내에는 탄탄한 관계를 구축하겠다는 목표가 있어야만 한다. 이는 사람을 구별하여 사귀는 나쁜 행동과는 차이가 있다.

그렇다면 특정할 사람을 누구로 볼 것이냐가 문제다. 키맨을 정하는 문제인데, 여기서 말하는 키맨은 1차적으로 나와 관련한 사람과 일에 대한 정보의 중개자를 의미한다. 짧은 시간 내에 효과적으로 네트워킹을 구축한다는 관점에서 보면 정보의 중개자를 우선적으로 사귀는 것이 옳기 때문이다.

그럼 정보의 중개자는 어떻게 구별할 수 있을까? 우선 직장에서 재직 경력이 오래된 사람을 눈여겨보자. 그는 직장 내 히스토리를 꿰뚫고 있고 대다수 동료 구성원들을 알고 있다. 오래 다니는 직원이 모두 다 정보의 중개자는 아닐 수도 있지만, 결국 열정적이며 겸손하고 다른 사람을 돕는 것을 즐기는 사람이 정보의 중개자일 가능성이 크다는 사실을 기억하라.

02 왜 아무도 나에게
알려주지 않는 걸까요?

서아리 과장은 이직한 첫 주부터 궁금한 게 많았지만 물어봐야 할지 말아야 할지 고민하게 된다. '이렇게 간단한 내용을 물어도 될까?'라는 불안함이 들었기 때문이다. '실제 점심시간은 언제인지? 내 PC와 연결된 복합기는 어디 있는지? 사무실 출입 방법은 무엇인지? 사무용품이 필요하면 누구한테 말하면 되는지?' 등 아주 사소한 내용 말이다. 첫 미팅 자리에서 동료들이 전달한 다음과 같은 대화가 계속 떠올라 더 망설여졌다. "저희는 스스로 알아서 잘해야 하는 조직이에요. 적응도 마찬가지고요." 서아리 과장은 정신을 바짝 차리지 않으면 마치 훈련소에 입소한 신병처럼 어

온보딩

리바리한 모습을 보이겠구나 싶어 더욱 긴장하게 되었다.

친절하게 다가와 기본적인 사무실 활용 방법과 사내 규칙들을 안내해주는 동료나 후배 직원이 있다면 좋겠지만, 서아리 과장처럼 회사의 분위기에 따라 모든 걸 스스로 해야 하는 상황일 수도 있다. 친절하지 않아서라기보다는 서로가 각자의 업무에 바빠 챙겨주기 어려운 조직이 많은 것이 사실이다. 이때 당신이 서아리 과장이라면 선택할 수 있는 행동은 세 가지 정도이다.

첫째, 새로운 조직이므로 누군가 분명히 도움을 줄 것이라고 생각하고 기다린다.

둘째, 왜 아무도 나에게 알려주지 않을까라고 생각하며 새로 선택한 직장에 대해 후회한다.

셋째, 가장 가까이 있는 선후배나 동료 직원에게 물어보거나 도움을 청한다.

당연히 세 번째가 맞다고 얘기하겠지만, 실제 현실에서는 그렇지 못하다. 왜 그럴까?

자존심은
일단 접어두세요

경력직의 경우 새 직장에 가자마자 받아들여야 하는 것 중 하나가 '조직의 규칙'이다. 회사에 따라서 이 규칙이 명문화되어 있는 곳도 있고, 암묵적인 룰로 형성되어 있는 곳도 있다. 이 규칙을 두 가지로 나눠보자면 '업무규칙'과 '생활규칙'이다.

업무규칙은 업무를 진행하기 위한 프로세스와 정보를 의미하며, 이는 그래도 접근이 가능하거나 확인할 수 있는 정보이다. 사내 시스템이나 결재 절차 등은 업무를 진행하기 위한 필수 정보이다 보니 빠르게 묻고 확인할 수 있다. 반면 생활규칙은 조직마다 가지고 있는 암묵적인 룰로 새롭게 합류한 사람으로서는 접근하기 쉽지 않다. 말 그대로 눈에 보이지 않다 보니 선후배 또는 팀 동료에게 구체적으로 묻지 않으면 확인하기 어렵다. 조직 구성원 모두가 알고 있고 당연하다고 느끼는 부분이지만, 나만 모르고 있는 것, 바로 여기에 불안이 있다.

하버드대학에서는 주변의 동료가 도와주겠다고 해도 자존심 때문에 거절하는 '똑똑한 바보들'이 생각보다 많다고 한다. 이는 이전 직장에서 큰 성공 경험을 가지고 있거나, 고(高)스펙을 가지고 있는 경력자에게도 흔히 나타나는 태도이다. 똑똑한 바보가 되고

온보딩

싶지 않다면 경력직 입사자는 자존심의 상처나 거절의 두려움을 잊고 적극적으로 동료들에게 도움을 요청해야 한다. 내가 하는 요청의 크기가 성공의 크기를 좌우한다고 생각하면 못할 것도 아니다.

스스로 자립하려는 사람일수록 먼저 많이 물어봐야 한다. 경력직은 나의 능력을 당장 증명해야 한다고 생각한다. 그래서 혼자 모든 것을 처리하려고 고군분투하는 사람들이 많다. 경력자라면 하나하나 물어가며 업무를 진행하는 게 부담일 수도 있다. 그렇지만 처음부터 혼자 해내려고 하면 문제가 생기기 마련이다. 본인이 이전 조직에서 성공할 수 있었던 것은 본인의 역량도 있지만 조직 차원의 지원과 시스템이 뒷받침되어 있어 가능한 부분이다. 그렇기 때문에 새로운 환경에서도 성공하려면 조직의 규칙을 배워 전략적으로 스며드는 것이 좋다.

잘난 척, 아는 척, 바쁜 척하는 사람은 누구라도 좋아하지 않는다. 그중에서 '모르겠다'라는 말을 절대 하지 않고 '아는 척'하는 사람들은 정말 위험하다. 그런 류의 사람들 대부분은 최대한 척하면서 떠들어대다 얼렁뚱땅 마무리 짓고 넘어간다. 일상적인 대화에서라면 이런 경우 어떻게 넘어갈 수 있다 하더라도 직장에서라면 경우가 달라진다. 모르는 것을 아는 척했다가는 정말 큰 곤욕을 치를 수 있기 때문이다.

모르는 것은 모른다고 대답할 수 있는 사람이 훨씬 인간적이고 용감한 사람이다. 아는 척을 하면 그 상황을 모면할 수 있을지언정 신뢰는 쌓을 수 없다. 새로운 직장에서 얻게 되는 신뢰는 일의 진행 속도를 빠르게 증가시키고, 커뮤니케이션 비용을 최소화할 수 있는 무기이기 때문에 절대로 포기하면 안 된다. 새로운 직장에서 잠깐 아는 척하는 과정을 통해 자존심을 세울 수는 있지만, 모른다는 사실은 언젠가는 드러나기 마련이다. 때문에 누군가와 대화를 할 때는 내가 모르는 내용은 솔직하게 모른다고 표현하자.

도움이 되는
존재 되기

직장 생활뿐만 아니라 인생을 살다 보면 내가 다른 사람을 도울 때 그 사람도 나를 도와준다는 사실을 깨닫는다. 내가 도움을 주면 반드시 받는다는 것은 확률적으로 100%는 아닐 수 있다. 하지만 심리학적으로 보면 사람은 상대로부터 어떤 도움을 받으면 그것을 갚아야만 마음이 개운해지는 것을 느끼게 된다. 이를 심리학 용어로 '보수성의 원리'라고 한다. 어렵게 설명하지 않아도 경험적으로 알 것이다. 이 원리에 의하면 도움을 받을 수 있는 가장 쉬운 방법은 내가 먼저 돕는 것이다. 입사한 지 얼마 안 되었는데, 직장 생활에 익숙하고 일에 능숙한 그들을 어떻게 도울 수 있냐고 반문할 수 있다. 하지만 그들을 도울 방법은 꽤 많을 수 있다.

첫째, 먼저 그들의 얘기를 들어주자!

이것이 돕는 일이다. 사람은 누군가에게 항상 인정받고 싶어 하는 욕구가 충만하다는 사실을 기억하자! 현재 직장에서 잘나가든 적응하지 못하든 간에 상대방에게 인정받고 싶은 욕구는 누구나 똑같다. 그들의 얘기를 들어주자! 현재 직장을 다니면서 견뎌냈던 인내의 시간 얘기도 좋고, 본인이 얼마나 좋은 성과를 냈었는지, 얼마나 인맥이 화려한지 자랑하고 싶은 내용을 다 받아주자! 당신은 아직 그들의 진면목을 모르기 때문에 그들은 마음껏 얘기할 것이다. 듣는 과정에서 확보하게 되는 회사 관련된 정보들은 덤이라고 생각하면 좋다.

둘째, 그들이 알지 못하는 새로운 경험을 들려주자!

사람들은 익숙한 현 직장에서의 내용 말고 다른 조직에서의 경험이 궁금하다. 조직이 혁신을 하거나 창의력을 발휘하지 못하는 이유는 경험한 내용이 제한적이기 때문이다. 과거의 경험만으로는 미래를 계획할 수 없기 때문에 그들은 다른 경험을 가지고 있는 당신의 말에 귀 기울일 가능성이 크다. 당신의 경험을 통해 그들에게 약간의 도움을 줄 수 있다는 것을 어필해보자!

셋째, 도움을 주고받는 데 실패하더라도 다시 시도하자!

직장 생활을 하다가 한 번쯤 '내가 호구였구나' 하고 뒤늦게 깨닫는 순간이 있다. 나는 선한 의도로 도움을 주었는데 상대는 다른 의도가 있었다거나, 나의 마음을 역으로 이용했을 수도 있다. 이럴 때는 관계에 대한 배신감을 느끼는 건 물론이고, 앞으로 어떻게 관계를 맺고 행동해야 하는지 고민에 빠지게 될 수밖에 없다. 이럴 때는 단순하게 생각해보자. 직장 생활은 제한된 시간, 제한된 공간에서, 제한된 사람들과 관계를 맺고 지속적으로 진행하는 게임과 같다. 한번 정도는 게임의 룰을 어기거나 배신할 수 있겠지만, 그런 사람은 다음번 게임에 참여하기 어렵다. 결국 그런 사람은 직장 생활을 오래 하기 어렵다는 뜻이다. 내게 주어진 것에 집중하고, 내가 함께하는 사람들의 믿음을 먼저 얻게 될 때 기회가 찾아온다는 것을 꼭 기억하면 좋을 것이다.

넷째, 조직에서 가장 강력한 힘은 결국 내가 가진 '실력'이다

다른 동료들에게 인정받고 필요한 사람이 되면 언제 어떤 상황에서든 나를 찾게 되어 있다. 스스로의 실력을 갈고 닦는 데 공을

온보딩

들인다면 스스로 동료들에게 도움이 되는 존재로 충분히 성장할
수 있다.

도움을
끌어내기

요즘은 직장을 일만 하는 장소로 보고, 개인적인 친분관계를 쌓
지 않는 사람들도 많다. 하지만 일부 직장인들은 직장에서 만나는
인연을 깊은 관계로 유지하기도 한다. 직장 선후배 또는 동료들은
잠자는 시간을 제외한 하루의 3분의 2 이상을 한 공간에서 함께
보내고, 중요한 공동 목표를 가지고 협업하는 경우도 있다. 그러
다 보니 직장 동료 이상의 인연으로 이어질 때도 있다. 직장 생활
에서 만난 이들은 이직한 후에도 서로의 업무 영역에 도움을 주기
도 하고, 이직의 순간에 결정적인 역할을 담당하는 평판 조회 대
상이 되기도 한다. 현실적으로 각종 경조사나 개인적 행사에 참여
하는 사람의 비율도 혈연을 제외하고는 직장 생활을 통해 만난 사
람들인 경우가 많다. 이러저러한 이유로 우리는 직장을 통해 만난
사람들을 소중히 여길 필요가 있다.

앞에서 말한 것처럼 내가 동료를 소중히 여기고 도움을 주고,

또 반대로 도움을 받는 상황이 연출되면 얼마나 좋을까? 그런데 현실은 그렇게 만만하지 않다. 조직마다 상황도 다르고 동료마다 성향도 다르기 때문에 기대를 낮출 필요가 있다. 내가 동료들을 돕는 행동은 기본 베이스로 두되, 도움을 끌어낼 수 있는 여러 가지 방법을 모색하는 것이 필요하다.

첫째, 직장 내 멘토와 멘티 관계를 최대한 활용해보자!

일반적으로 입사를 하게 되면 직장 내에서 멘토와 멘티를 매칭시켜주는 조직도 있고, 그렇지 않은 경우도 있다. 멘토를 조직에서 업무를 잘할 수 있도록 조언과 도움을 주는 사람으로 정의해보면 다양한 사람들이 그 대상이 될 수 있다. 멘토와 멘티의 관계 설정이 없는 회사라면 먼저 동료들에게 제안해보자.

"과장님은 저의 훌륭한 멘토세요!"
"대리님! 제 멘토가 되어주시면 안 될까요?"

가벼운 이 대화 한마디를 통해서 너와 내가 아닌 우리라는 관계를 맺을 수 있다. 한국인은 우리라는 관계 설정이 이루어지면 도움을 줘야 하는 존재가 아니라 챙겨줘야 하는 존재로 관점이 전환할 수 있다는 것을 누구나 공감할 것이다. 그것도 한 수 가르쳐

온보딩

주십사 존경을 표하는데, 손사래를 치더라도 으쓱하지 않겠는가? 자신의 어깨가 으쓱할 때 그 어깨너머로 배울 기회도 허락하는 법이다. 자존심 내려놓고 너스레를 떨어보자!

둘째, 자긍심을 부추기는 대화를 시도해보자!

이직한 직장에서도 잘난 사람이고 싶고, 동료들보다 뛰어난 사람이고 싶은 감정은 누구나 들 수 있다. 하지만 적어도 이직한 후 6개월 동안은 스스로를 낮추고 동료들을 높여야 한다. 프랑스의 철학자인 라 로슈프코는 "적을 만들고 싶으면 친구에게 이기도록 하고 우정을 쌓으려면 친구가 이기도록 하라"고 했다. 상대방을 높이는 순간 '약간의 도움'이 아닌 '적극적인 도움'을 받을 수 있다는 사실을 기억하면 좋겠다.

셋째, 고맙다는 칭찬의 말을 건네보자!

"감사합니다", "정말 좋은데요", "대단하네요" 이 한마디는 많은 시간과 노력을 요하지 않는다. 하지만 직장 생활에서 동료들에게 직접 건네는 사람은 많지 않다. 그렇기 때문에 그 기본이 특별한 존재로 인식되기 쉬운 행동일 수 있다. 당신을 맞이하는 그들도 당신이 다가와 주기만을 기다리고 있을 수 있다. 간단하지만 파워풀한 한마디를 먼저 건네며 다가가 보면 어떨까?

드라마 〈나의 아저씨〉에서 남주인공 박동훈이 여주인공 이지안에게 이렇게 말한다.[3]

"모든 건물은 외력과 내력의 싸움이야. 바람, 하중, 진동. 있을 수 있는 모든 외력을 계산하고 따져서 그거보다 세게 내력을 설계하는 거야. 사람들이 많이 모이는 학교나 강당은 하중을 훨씬 높게 설계하고. 한 층이래도 푸드코트는 사람들 앉는 데랑 무거운 주방기구 놓는 데랑 하중을 다르게 설계해야 해. 항상 외력보다 내력이 세게. 인생도 어떻게 보면 외력과 내력의 싸움이고, 무슨 일이 있어도 내력이 세면 버티는 거야."

어찌 보면 직장 생활도 마찬가지일 수 있다. 새로운 조직과 그 구성원들로부터 받는 압박감과 불안함을 '외력'이라고 하면, 그걸 견뎌낼 수 있는 단단한 멘탈과 자신감은 '내력'이라고 볼 수 있다. 단순한 사실이지만, 새로운 환경에서 적응하다 보면 나 자신의 내력이 얼마나 강한지 잊는 경우가 꽤 많다. 자신을 믿어 보자! 아무도 알려주지 않더라도 그 시간을 버텨내 보자! 당신의 내력은 더 강해질 것이다.

---

3 김상헌·조형진, 〈나의 아저씨〉(드라마, 2018년 3월 21일~2019년 3월 17일), tvN

온보딩

03 자신감 있어 보여야 할까요?
겸손해 보여야 할까요?

당찬 이미지
vs. 겸손한 이미지

새로운 직장에 입사하게 되면 다들 고민하는 부분이 '자신감 있게 행동해서 강해 보여야 할까?' '겸손하게 행동해서 편해 보여야할까?'이다. 조직마다 상황마다, 개개인의 원래 모습마다 다를 수밖에 없다. 'Case by Case'라고 얘기하면 너무나 허무한 솔루션인가? 누구든 만만해 보이지도 않으면서 너무 어렵거나 까다로운 사람으로 보이지 않길 바랄 것이다.

만만해 보이지도 않고 너무 어렵지도 않은 사람이 되는 가장 쉬운 방법은 바로 자신의 경계선을 분명히 하는 것이다. 신기하게도 사람들은 자신의 경계를 분명하게 하는 사람에게는 그것이 넓으면 넓은 대로, 좁으면 좁은 대로 존중해준다. 그러므로 상대가 나의 심리적 안전선의 경계를 넘어설 때는 바로 표현할 필요가 있다. 그것은 당장에 상대방에게 날카로운 반응을 보이는 것이 아니라, 여기가 마지노선이라고 경고하는 것이다.

나의 경계선을 알기 위해서는 어떻게 해야 할까? 나부터 나의 경계선을 알기 위해서는 집중해볼 필요가 있다. 스스로에게 솔직해지면 어디까지는 수용이 가능하고, 어느 선을 넘어가면 불편한 감정이 생기는지 수면 위로 떠오르게 된다. 그리고 표정과 제스처는 내가 상대방에게 전달할 수 있는 가장 쉬운 메시지이다. 사실 미소를 거두는 것은 아주 쉬울 것 같지만 맥락과 상황에 따라서는 큰 용기가 필요한 행동이다. 하지만 자신의 경계선이 어디까지인지 전달하는 데 가장 효과적인 방법이다.

낄낄빠빠의
미덕

직장 생활에서 '낄끼빠빠'가 매우 중요하다. '낄끼빠빠'는 '낄 때 끼고 빠질 때 빠져라'의 줄임말로 분위기 파악을 하고 융통성 있게 행동하라는 뜻이다. 자신감 있거나 겸손하다는 하나의 이미지를 전달하는 것보다 중요한 것은 상황에 따라 대처하는 것이다.

상황에 따라 대처를 잘하려면 어떻게 해야 할까? 우선 관찰을 잘해보자. 관찰을 잘한다는 게 무엇일까? 이는 대화에서 맥락을 읽어낸다는 뜻이다. 상대방의 말 속에 담긴 보이지 않는 가정, 질문 이면의 속뜻, 현상 안에 담겨 있는 맥락을 발견해야 한다. 그 맥락을 잘 읽어내는 사람이 많이 듣는 얘기는 '뭔가 잘 통하는 사람'이다. 새로운 직장의 인원들과 근무하는 환경이나 배경은 달랐지만, 그들의 관점에서 문제나 상황을 바라보려는 노력은 매우 중요하다. 어느 시인의 시 구절처럼 통하는 사람이 되어, 기분 좋고 가슴 설레는 시작을 해보자.

"통한다는 말, 이 말처럼
사람을 단박에 기분 좋게 만드는 말도 드물지
두고두고 가슴 설레게 하는 말 또한 드물지

그 속엔 어디로든 막힘없이 들고 나는 자유로운 영혼과

흐르는 눈물 닦아주는 위로의 손길이 담겨 있지…".[4]

직장 생활 고수의
아우라

세상에는 다양한 관점이 있다. 같은 것을 보고도 사람들은 자신의 관점에 따라 모두 다르게 이야기한다. 누군가 나를 비난하거나 평가절하했다고 해서 그 말이 정답은 아니다. 새로운 직장 생활도 마찬가지다. 어떤 동료는 당신의 실패를 성장의 과정으로 보고 응원해줄 수도 있고, 어떤 동료는 당신의 실패를 능력의 한계로 단정 지어 버릴 수도 있다. 힘들게 하는 사람이 있다면, 그 사람의 말을 진실로 받아들이면 안 된다. 그건 그저 어떤 한 사람의 의견일 뿐이다.

직장 생활을 하면서 내공이 높은 사람을 관찰해보면 그들은 상대가 던지는 부정적인 말로 자신을 평가하지 않는다는 것을 알 수 있다. 그들은 예의 없는 상대가 한 말을 있는 그대로 받아들이지

---

4 손세실리아, 〈통한다는 말〉

않고, 어떤 상황에서도 스스로 존중하는 마음을 유지한다. 그래서 똑같이 무시당하는 일을 당해도 흔들리지 않고 단단함을 유지하는 것을 볼 수 있다. 우리는 항상 내가 겪는 상황이 누구보다 더 억울하고 힘든 것 같지만 사실 잘 관찰해보면 사람은 누구나 인생을 살아가면서 이런저런 당혹스러운 상황을 겪는다. 중요한 것은 이런 부정적인 상황에서도 쉽게 흔들리지 않는 단단한 마음을 갖는 것이다. 그것이 직장 생활 고수의 아우라다.

결국 직장에서는 그런 아우라를 뿜어내는 사람이 이긴다. 당차 보여야 무시당하지 않을지, 편안해 보여야 사람이 몰리지 않을지 너무 고민하지 말자. 결국 프로의 존재감을 만들어내면 이런저런 이미지는 부차적인 게 된다. 요란스럽지 않게 아우라를 내뿜는 사람을 보면 멋지지 않은가? 다음은 프로의 아우라를 갖추기 위한 방법이다. 이 다섯 가지 태도로 하루하루를 쌓아간다면 당신도 새로운 직장 내에서 고수의 아우라를 내뿜을 날이 머지않았다.

1. 고수는 어떤 상황에서도 다양한 해법을 제시할 수 있다.

2. 고수는 value와 price 어떤 것도 놓치지 않는다.

3. 고수는 행동으로 보여주고, 성과로 말한다.

4. 고수는 함께 더 큰 가치를 만들어내는 지혜가 있다.

5. 고수는 완벽을 추구하지만 결과에 자유롭다.

04 나를 떠보는 선배, 나를 간 보는 후배

서아리 과장이 폭풍 같은 첫 주를 보낸 후 팀 선배인 동태진 차장이 따로 티타임을 요청했다. 서아리 과장은 직장 내 인간관계를 넓힐 수 있는 기회라 생각하고 흔쾌히 수락하고 카페로 넘어갔다. 카페에는 동태진 차장과 팀 후배인 남미영 대리도 함께 있었다. 동태진 차장은 '한 주 동안 어땠냐? 내가 도와줄 건 없느냐?' 호의적인 질문과 답변들로 대화를 통해 새 직장에 대한 많은 정보를 전달해주었다. 그런데 은근히 떠보는 듯한 다음과 같은 질문을 하기 시작했다.

온보딩

동 차장 : 서아리 과장은 일주일 동안 해보니까 우리 팀장, 어때요?

서 과장 : 어땠냐고요? 아직 일을 많이 안 해봐서 잘 모르겠는데, 도와주시려는 것 같아요!

동 차장 : 아~ 아직 일을 많이 안 해봤구나! 별로라고 돌려 말하는데 우리가 잘 못 알아듣는 건가? 그 정도 연차면 딱 보면 알 렌데….

서 과장 : 아니요, 별로라는 게 아니라~ 아직 잘 모르겠다는 건데요?

동 차장 : 미영 대리, 아리 과장 한참 모르는데 일주일 동안 뭐 한 거야?

남 대리 : 이번 주 바쁜 거 아시잖아요. 과장님이 안 계셔야 여자들끼리 제대로 얘기하죠~.

동 차장 : 아~ 맞네, 이런 건 과외가 필요하지! 계산하고 갈 테니까 얘기들 잘하고 와.

동태진 차장이 카페를 떠난 후에 남미영 대리는 뭔가 결심했다는 듯이 구석에 있는 자리로 옮기자고 제안했다. 자리를 옮기자마자 기다렸다는 듯이 남미영 대리는 얘기를 시작했다.

남 대리 : 과장님, 직장 생활 오래 하셨는데 순진하신 거예요, 아니면 순진한 척하시는 거예요?

서 과장 : 제가요? 뭐가요?

조직 생활을 하다 보면 이처럼 다른 사람을 떠보거나 간 보는 사람들이 꽤 많다. 새로 입사한 사람에 대한 경계 행동을 통해서 스스로를 보호하려는 행동이기도 하고, 주도권을 가져가기 위해 서일 수도 있다. 물론 단순한 호기심일 경우도 있다. 중요한 것은 이렇게 간 보는 듯한 행동을 접하게 되면 원래 그런 사람인지, 새로 입사한 나에게만 그러는 것인지 확인할 필요가 있다. 그에 따라 대응법이 달라지기 때문이다. 상대에게 대응하는 방법은 관찰로 시작하면 된다. 그의 조직 내 영향력과 권한 정도에 따라 대응 방법은 달라져야 한다.

이 질문의
의도가 뭘까?

사람의 생각과 마음을 계속 떠보는 사람, 사람을 대하는 데 있어 솔직하지 못하고 간을 보는 태도를 보이는 사람이 있다. 이런 사람이 하는 행동과 말에는 대부분 의도가 있다. 이들이 제안하는 모임, 술자리, 식사, 티타임 모두 계획적일 수 있다. 심지어 상사에

온보딩

게 그렇게 하는 사람도 있다. 이런 사람과 자리를 함께하고 돌아서면 찝찝한 기분을 떨쳐버릴 수 없다. 뭔지는 잘 모르겠지만 털리는 느낌이랄까? 순간순간 이용당하는 기분이 든다. 늘 의도가 난무한 사람을 상대하려면 어떻게 해야 할까? 머리를 아무리 굴려 추측해봐야 돌아서면 또 털렸다 싶을 것이다. 그냥 물어라, 어떤 맥락에서 질문한 건지 물으면 된다.

경력직은 입사 후에 동료에게서 "뭐 하려고 그 좋은 회사 두고 이 회사에 오신 거예요?"라는 떠보는 질문을 받는 경우도 있다. 이럴 때는 열린 질문을 통해 "무슨 의미로 물어보신 거예요? 여기도 좋은 회사 아닌가요?"라고 받아치는 여유가 필요하다. 열린 질문은 상대방의 의도를 정확하게 파악할 수 있는 돋보기라고 생각하면 된다. 추가 질문을 하는 것을 두려워할 이유도 어려워할 필요도 없다. 상대방은 정말 별 이유 없이 호기심에서 물었을 수도 있고, 지금 다니는 회사가 불만족스럽다 여겨 내뱉는 말일 수도 있다. 열린 질문은 상대의 본질적인 의도나 진심을 확인할 수 있는 만능 키라고 보고 때때마다 잘 꺼내 쓰자.

매운맛 대응
vs. 순한 맛 대응

열린 질문을 통해 상대방의 의도를 파악했다면 그다음은 대응 하는 방식을 선택해야 한다. 상황에 따라 매운맛과 순한 맛 버전 의 대응을 선택하면 된다.

매운맛 대응 : '눈에는 눈, 이에는 이'라는 한 번쯤은 들어봤을 것 이다. 상대가 간을 보고 싶어 하면 맛을 제대로 보여주는 것이다. 반복 게임에 '**팃포탯 전략**Tit for tat strategy'이 있다.

팃포탯 전략	간포탯 전략 (떠볼 때 대응법)
1. 불필요한 갈등을 일으키지 않고 선제적 으로 협력	1. 떠보는 행동을 접하더라도 일단은 협 력한다.
↓	↓
2. 상대가 배신하면 즉시 응징한다. (Me 화법 : 그렇게 하시면 제가 좀 곤란해지 네요.)	2. 떠보는 행동으로 내게 피해가 올 경우 즉시 대응 (Me 화법 : 그렇게 하시면 제가 좀 곤란한 데요.)
↓	↓
3. 배신한 상대가 반성하면 다시 협력하고 용서한다(부채 의식의 활용).	3. 떠보는 행동을 반성하면 다시 협력하 고 잘 지낸다(오히려 동료의 부채 의식을 적절히 활용한다).
↓	↓
4. 상대가 나의 행동 패턴에 적응할 수 있 도록 행동을 명확하게 한다.	4. 상대가 나에게는 떠보는 행동을 하면 안 되겠다라는 시그널을 명확히 받도 록 행동한다.

온보딩

'팃포탯'은 직역하면 '보복', '앙갚음'이라는 뜻으로 '상대가 치면 나도 가볍게 친다'는 뜻이다. 이를 응용해 다음 프로세스로 맛을 보여주자. 단짠단짠!

순한 맛 대응 : 견제 심리를 낮추기 위해 허락이나 조언을 구하는 전략이다. 간 보는 사람의 조직 내 영향력이나 권한을 명확히 파악하기 힘들 때 필요한 대응 방법이다. 바로 동료들에게 어떤 결정이나 행동을 하기 전에 묻는 방식이다. 예를 들면 후배 직원이라도 "남 대리, 이 일은 이렇게 처리해도 될까?"라고 동의를 구하는 것이다. 답변은 "예", "아니오", 아니면 "그건 제가 답변하기 어려운 내용인데요" 이 세 가지 중 하나일 것이다. 답변과 함께 이유를 설명해주면 적절한 행동을 결정하는 데 필요한 정보를 얻게 될 것이다. 확신이 있더라도 한 번쯤은 주위 동료들에게 허락이나 조언을 구하는 것은 온보딩하는 데 좋은 업무 습관이 될 수 있다. 상대도 내가 좋은지 아닌지 요리조리 맛보는 중일 텐데, 맛이 빤하면 찔러보기도 곧 멈추게 된다.

각도를 달리하면
전혀 다른 의도로 보인다

지금까지는 떠보거나 간 보는 행동이 부정적일 수 있다는 전제 하에 대응 방법을 고민해봤다. 그러나 떠보거나 간 보는 행동을 무조건 부정적으로 볼 필요는 없다. 사람들은 다음과 같은 고민 끝에 그런 태도를 보일 수 있기 때문이다.

첫째, 내가 이 사람을 믿어도 될지 확인하기 위해서
둘째, 내가 이 사람에게 이 일을 맡겨도 잘해낼 수 있을지 체크하기 위해서
셋째, 단순한 호기심/장난/재미를 위해서
넷째, 자신의 이야기를 하기 전에 형식적으로 떠보기

초기엔 서로 경계가 허물어지지 않아 상대방에게 촉을 세운다. 별 뜻 없이 한 말인데 며칠을 곱씹기도 하고, 전달하려는 의도대로 듣지 못하고 왜곡해서 듣기도 한다. 이런 소모적 에너지를 아끼려면 나부터 경계를 늦춰야 한다. 재미로 받아주고, 별 뜻 없이 받아주다 보면 그들도 숨은 뜻을 담지 않게 된다. 나를 떠보는 선배, 나를 간 보는 후배의 질문도 각도를 다르게 하면 '아~ 나의 성

향을 파악하기 위한 질문이구나'라고 가볍게 넘어갈 수 있다.

적당한
거리 두기

《미라클 모닝》의 저자 할 엘로드는 긍정적인 관계를 유지하는 것은 함께 일하는 데 있어 중요한 부분이지만 그 이상으로 좋은 인상을 남기기 위해 애쓰지 말라고 했다.[5] 슬슬 간 보며 원치 않은 영역까지 침범해서 훅 들어온다면 관리에 들어가야 한다. 좋은 사람, 편한 사람의 이미지를 버리고 적당한 거리를 유지해야 한다. 하지만 그게 어디 쉬운 일인가? 꾸준히 나를 간 보며 선을 넘나드는 동료에게 말해줘야 한다. "저는 여기까지 원합니다." 함께하고 싶은 동료만큼이나 중요한 게 함부로 할 수 없는 타이틀을 얻는 것이다. 어떻게 해야 그 적당함을 유지할 수 있을까?

정중하고 예의 바른 말투 사용하기
리액션이 행동으로 표현하는 것이라면 말투는 마음의 표정이나

---

5 할 엘로드, 《미라클 모닝》, 한빛비즈, 2016

다름없다는 것을 명심하자. 살가운 말투로 얘기하게 되면 상대방 입장에서는 거리를 좁혀도 되는 대상으로 판단할 것이기 때문이다. 거부감을 표현하는 말투를 쓰라는 뜻은 아니다. 정중하고 예의 바른 말투로 경계선을 명확하게 표현한다면 적당한 거리를 유지할 수 있다. 평소에 호칭도 '~야' 또는 짧게 줄인 애칭으로 부른다면 적당한 거리를 유지하는 것은 어렵다고 봐야 한다. '~님, ~씨' 등 직장 내 공식적인 호칭으로 커뮤니케이션하는 습관이 중요하다.

공식적인 채널을 활용한 소통하기

업무적인 내용에 대해서 커뮤니케이션할 때도 카톡을 선호하는 사람들이 있다. 업무 대화는 메일, 사내 메신저 등을 활용하는 것이 좋다. 카톡을 통한 대화는 사적인 것과 공적인 것 사이의 모호함이 존재한다. 이는 공적인 관계가 무너지는 상황을 필연적으로 만들게 되고, 정말 필요한 순간에 공적인 대화를 불가능하게 만든다.

어떤 분들은 너무 세상을 각박하게 사는 게 아니냐고 반문할 수 있다. 물론 많은 사람과 좋은 관계를 맺는 것은 의미 있는 일이다. 하지만 내가 이 직장에 왜 입사하게 됐는지 근본적인 이유를 떠올리면 단순해진다. 내가 생각하는 목표를 달성하기 위해, 내게 주

어진 일을 잘하기 위해 입사한 것이다. 선을 넘나드는 직장 동료
와의 관계 때문에 힘들어하기보다는 일을 잘할 수 있는 관계를 구
축하는 일에 집중해보자.

상대방에 대한 리액션 줄이기

마주쳐도 인사하지 말라는 뜻으로 오해하지 말자. 적당히 대답
도 해주고, 적당히 들어주되, 적극적인 의사소통의 일환인 리액션
을 줄여야 한다. 공감해주지 않는 대상에게 거리를 좁히고 들어오
는 사람은 없기 때문이다. 특히 조직에 대해 부정적으로 얘기하거
나 타 구성원을 욕할 때는 절대로 리액션을 해서는 안 된다. 맞장
구를 쳐주는 순간, 한 배에 탄 공동체가 되어 그 사람과 똑같은 수
준의 사람이 되어 버린다.

소수와 과도한 친밀함을 형성하지 않기

소수와 과도하게 친한 관계는 오히려 스스로를 고립시키는 꼴
이 된다. 그 소수와의 친밀함을 유지하지 못한다면 조직 내에서
외로워지기 쉽기 때문이다. 예고 없이 훅 들어오는 상대도 문제지
만, 검증 없이 훅 들어가 빠져나오지도 못하는 것도 문제다. 모두
한 원에 담을 필요 없다. 급하게 그럴 필요도 없다. 내 감정에 따
라 사안에 따라 반지름을 달리하면 된다, 당당하게!

05 한 번도 안 했던 실수를
자꾸 하게 되네요?

경력직 입사자의
흔한 실수

"이미지와는 다르게 의외로 실수가 많네요." 아직 초기 사소한 실수로 이런 피드백을 받는다면 어떨까? 스스로에 대한 실망감에 억울함까지 치밀어 오른다. 이미 훌륭한 경력을 인정받아 입사하게 된 경력사원들이 왜 초기에 실수하게 되는 것일까? 그 원인은 달라진 상황과 환경에 있다. 우리는 일을 할 때 내가 가지고 있는 지식과 스킬, 정보뿐만 아니라 타인의 도움, 나아가 조직에 내

온보딩

재화된 지식까지 고루 사용한다. 그러나 경력사원은 이직할 때 자신의 지식과 스킬 외에 나머지는 가져가기가 어렵다. 이것이 바로 경력사원들이 이직 초기에 바로 성과를 내지 못하는 이유다. 또한 사소한 실수를 할 확률이 높은 이유이기도 하다.

다음은 경력사원이 입사 초기에 실수를 하게 되는 대표적인 유형이다. 내가 어떤 유형에 해당하는지, 왜 실수가 발생하는지 체크해보자.

유형 1. 기존에 해왔던 일이어서 무의식적으로 기존의 방식대로 하는 경우

서울대 강웅구 교수는 무의식이란 '의식이 감소한 혼수상태'라고 말했다. 즉 뇌가 정보를 처리할 때 인지 필터를 거치지 않고 일어나는 상태가 바로 무의식인 것이다. 무의식적인 실수는 반복적이거나 익숙한 작업에서 더 많이 발생한다. 반복적인 과정이라서 생각도 하기 전에 몸이 먼저 움직인다고 한다. 경력직 경우 본인이 늘 해왔던 업무에 대해 그런 실수가 발생할 수 있다. 이전 직장에서 움직이던 패턴과 프로세스를 현 직장에서 그대로 진행할 경우 실수한 것이라고 볼 수 있기 때문이다. 회사마다 일하는 방식이 다르고, 문화가 다르다. 적응 초기에는 속도를 줄이고 상사나 동료들의 일하는 방식을 관찰할 필요가 있다.

유형 2. 질문하는 게 어려워서 상대방의 의도를 명확하게 파악하지 못한 경우

경력직 박한수 과장은 말없이 업무에 집중하는 환경보다는 대화를 주고받으면서 편안하게 일하는 분위기를 좋아한다. 처음 만나는 사람들과도 금방 말문을 트고 친해질 정도로 성향 자체가 자유분방한 편이다. 그런데 최근에 이직한 직장은 얼굴을 마주 보고 대화하기보다는 메신저로 얘기하거나 조용히 업무하는 것을 선호하는 분위기다. 다들 대화 없이 일을 쳐내기에 급급해 말을 걸기도 어려운 분위기여서 도움을 구하기에도 난감한 상황이다. 상사에게도 이런 사소한 일까지 알려줘야 하냐는 핀잔을 들을까 봐 걱정이 앞섰다. 그래서 박한수 과장은 본인이 생각하는 대로 일을 처리했다.

처음에는 일이 별 탈 없이 잘 진행되는 듯했다. 하지만 조금씩 주변에서 부정적인 피드백이 들려왔다. "일을 그렇게 처리하시면 어떻게 합니까?" "내가 말한 건 이게 아니잖아요." "모르면 물어봐야죠." 박한수 과장은 그렇게 몸도 마음도 점점 지쳐가다가 입사한 지 3개월 만에 자존감까지 떨어지게 되었다. 모르면 물어봐야 한다. 설사 물어보는 데 어려움이 있더라도 실수한 뒤 수습하는 것보다 낫다.

유형 3. 거절하지 못하는 습관(겸손의 언어) 때문에 실수하는 경우

상대가 도움을 요청했을 때 도와주는 자세는 사회생활에서 필수다. 하지만 본인이 할 수 없는 상황인데도 불구하고 상대에 대한 미안함 때문에 습관적으로 "괜찮습니다. 알겠습니다"라고 말하는 사람이 있다. 상대방의 말이 끝나자마자 1초 만에 외치는 'Yes'는 도와주는 것을 기쁘게 생각하거나, 상대방의 마음을 불편하게 하고 싶지 않은 마음일 수 있다. 하지만 적절한 상황 판단 없이 'Yes'를 남발하며 무조건 들어줘야 할 의무가 있다고 생각하면 안 된다. 이럴 경우 상대방을 교묘하게 이용하는 사람들에게 스스로를 몰아넣는 상황이 될 수 있다.

부탁을 받을 때 거의 자동적으로 수락하게 되면, 상대방은 여러분에게 과중한 부담을 주고 있음을 알지 못한다. 그 사람의 업무 능력 한계가 어딘지 상대방은 모르기 때문이다. 그래서 어쩌다 어렵게 거절하면 서운함을 느끼거나 분노를 표하기도 한다. 호의가 계속되면 권리인 줄 아는 것이다.

요청이 들어왔을 때는 자신에게 넘어온 주도권을 바로 넘겨주지 말고 우선 생각할 시간이 필요하다고 이야기하는 것이 방법이다. 그 후 충분한 시간을 갖고 검토한다. 상대방의 부탁에 대해 무조건 응해줘야 할 의무가 있는 것은 아니며, 어느 선까지 도울 수 있는지는 전적으로 자신의 선택에 달렸다. 여유를 가지고 검토해야 상대방에게 휘둘려서 결정하지 않게 된다. 내가 감당할 수 있는 선에서 기분 좋게 수락할 수 있다. 나 스스로 주체적으로 선택할 때 비로소 상대방도 나의 도움을 감사히 여긴다. 당신의 도움은 당연한 것이 아니다!

실수했을 때
도움이 되는 전략

'페스티나 렌테Festina Lente'는 로마 황제 아우구스투스가 즐겨 되뇌던, 라틴어 인생 문장이다. 우리말로 '천천히 서둘러라'는 뜻이다. 이 표현은 실수에 대처해야 하는 사람들이 되새길 만한 문장이다. 긴장하고 마음이 급해질수록 놓치는 게 많아진다. 그럴 때일수록 다음 전략을 참고하여 천천히 서두르는 연습을 해보자!

첫째, 당황하는 시간을 줄인다

우리는 누구나 크고 작은 실수를 한다. 실수는 성공을 위한 하나의 과정이라고 생각한다면 실수가 주는 고통이나 당황에서 빨리 빠져나올 수 있을 것이다.

온보딩

둘째, 인정한다

자신의 잘못을 인정하고 빠르게 사과한다. 실수를 감추고 자신을 보호하려고 하면 더 큰 손실과 실수가 되어 부메랑처럼 되돌아온다.

셋째, 도움을 요청한다

혼자 해결하려고만 애쓰지 않고 주변에 빠르게 도움을 요청하고 조치한다.

넷째, 해결에 집중한다

잘잘못을 따지고 책임을 모면하거나 회피하기보다 빠르게 상황을 해결하는 것에 집중한다.

다섯째, 회고한다

1차 불이 꺼지고 난 후에 회고의 시간을 갖는다. 실수를 기록하고 패턴을 찾는다. 관련하여 선·후배, 동료들에게 피드백을 요청한다. 실수를 통한 경험을 성찰하고 배워야 한다. 이후에 이런 일이 다시 발생하지 않게 하기 위해 어떻게 해야 하는지에 대해서 반드시 정리해두어야 한다.

여섯째, 감사를 전한다

실수를 해결하는 과정에서 도움을 준 사람들에게 진심으로 감사의 표현을 한다.

세계 최고 헤지펀드 브리지워터 어소시에이츠 창립자인 레이 달리오^{Ray Dalio}는 실수는 괜찮지만, 실수에서 배우지 못하는 것은 용납할 수 없다고 말했다. 용서받지 못하는 최악의 실수는 자신의 실수를 인정하지 않고 감추고, 배움을 위해 성찰하지 않는 것이다. 중요한 것은 실수를 대하는 태도, 실수 이후의 행동(사과와 조치)임을 이해하자.

온보딩

06 새로운 직장에서 마음이 잡히질 않네요, 전 직장이 그리워요

끝났다.
아니, 안 끝났다

서아리 과장은 무려 8년이나 한 직장을 다녔다. 그 덕분에 실력을 쌓았고, 시장 가치를 인정받을 만한 레퍼런스가 생겼다. 일과 삶의 경계가 허물어지는 어려움을 감수하고 얻어낸 결과다. 포기했어야 하는 가치도 소중했지만, 일단 '지금만 넘기면 좋은 날이 오겠지. 나중에 생각하자. 조금만 더 해보자'라고 다음을 기약했다. 직장 생활을 시작한 지 8년이 된 어느 날 고개를 들어보니, 서아리 과장은 서른여섯 살이 되어 있었다. 시즌이 도래하면 줄지어 있던 소개팅까지 뜸해지는 것을 체감하며, 무슨 부귀영화를 누리겠다고 이렇게 살았나 후회되었다. 더 이상 지금과 같은 직장 생활을 유지하는 게 큰 의미가 없다는 생각이 들었다. 성공을 위해 참았던 기간은 길었지만 새롭게 결정하기까지 그리 오랜 시간이 걸리지 않았다. 그렇게 서아리 과장은 이직을 결심했다.

능력자 서아리 과장은 워라밸도 지켜가면서 이전 연봉보다 상향된 조건으로 새로운 직장 입사에 성공했다. 분명 더 나은 조건의 좋은 회사에 취직했는데 입사 후 한 달 만에 가슴이 답답함을 느낀다. 그 답답함이 어디서 오는지 처음엔 알아차리지 못했다. 곰곰이 생각해보니 이전 직장에서 서아리 과장이 얻었던 것은 한두 가지가 아니었다. 여러 사람과 치열하게 토론하고 결정하는 과정에서 느꼈던 성취감과 활력 있는 분위기, 오후 3~4시가 되면 잠깐 머리를 식힐 수 있었던 옥상 정원, 모닝 루틴처럼 라운지에서 커피를 뽑으며 소소하게 인사 나누던 팀원들…. 평범하게 누리던 일상이었다. 새로운 직장으로 옮기고 나니 이제야 너무나 소중했던 시간과 공간, 사람들이었다는 것을 깨닫게 되었다. 헤어진 옛 연인을 떠올리듯 전 직장이 자꾸만 생각났다. 어떻게 하면 서아리 과장은 전 직장과 헤어질 결심을 할 수 있을까?

온보딩

전 직장과
헤어질 결심

전 직장과 헤어질 결심은 사실 한 가지로 정의할 수 없다. 익숙함을 포기할 결심과 새로움을 맞이할 결심, 두 가지가 'and' 조건으로 충족되어야만 확실하게 헤어질 결심을 할 수 있다.

익숙함을 포기할 결심

경력직 입사자는 기존 직장에서 익숙해져서 편했던 것들에 그리움이 남을 수 있다. 인간에게는 편한 것을 포기하는 것이 가장 어려운 결심이다. 편해지려는 욕구는 인간이 가질 수 있는 가장 기본적인 심리다. 하지만 그 편안함을 버려야만 그 공간에 새로움을 더할 수 있다. 비워져야지 채울 수 있는 것이 마음인 것처럼 말이다.

내가 적응해서 편했던 이전 직장의 일 방식, 조직문화, 근무 환경은 내게 다시 주어지지 않는다. 새로운 직장에서 제로베이스로 다시 시작한다는 마음을 가져야 한다. 지금 이곳을 편하게 만들 방법에 올인해야 한다. 권오현 회장은《초격차》를 통해 우리가 전 직장과 헤어질 결심을 할 때, 다른 말로 익숙함을 포기할 결심을 할 때는 잡초 뿌리를 뽑아내듯이 흔적도 남기면 안 된다고 했다.[6] 이유는 잡초는 뿌리까지 완전히 뽑지 않으면, 죽은 것 같다가도 비가 오면 다시 살아나서 무성해지기 때문이다. 그래서 권 회장은 실적이 부진한 부서나 프로젝트를 폐지할 때 구성원 전원을 다른 곳으로 이동시켰다고 한다. 한두 명을 남겨두면 그 잡초가 다시 살아날지도 모른다는 실낱 같은 희망, 혹은 미련을 만들 수 있으므로 아예 '씨를 말린다'는 각오로 철저하게 없애 버렸다고 한다.

새로움을 맞이할 결심

익숙함을 포기할 결심을 했다면 그다음은 새로움을 맞이할 일곱 가지 결심이 필요하다. 왜냐하면 새로운 직장에 적응한다는 것은 익숙한 습관들을 버리고, 새로운 환경을 맞이함을 통해 채워 나가는 과정이기 때문이다.

1. 새로운 회사의 조직문화를 받아들일 결심
2. 내 업무의 의사결정권자를 따를 결심
3. 마음이 맞는 진짜 동료를 찾을 결심
4. 90일 계획을 세우고 그 안에 적응을 마칠 결심

---

6 권오현, 《초격차》, 쌤앤파커스, 2019

온보딩

5. 누구든지 이해관계를 따지기보다 먼저 다가갈 결심

6. 내가 일하는 곳이 편할 수 있도록 스스로 노력할 결심

7. 익숙해지지 않더라도 포기하지 않을 결심

퇴사 후
버려야 할 것들

'Out of sight, out of mind, 눈에서 멀어지면 마음도 멀어진다'는 말이다. 퇴사한 전 직장에 대한 마음도 똑같다. 경력 입사자는 의도적으로 눈길에서 전 직장의 그림자를 지워낼 필요가 있다. 누구나 퇴사하면 '전 직장은 생각하지 않을 거다, 보이지 않는다'라고 쉽게 생각하지만 실상은 그렇지 않다. 내 지갑 안에는 전 직장 명함이 남아 있기도 하고, 내 휴대폰 안에는 전 직장에서 쓰던 그룹웨어 앱이 깔려 있기도 하다. 심지어 예전 직장 다이어리에 일기를 쓰기도 한다. 눈에 보이는 순간 예전 기억과 더불어 마음과 생각이 그 방향으로 흘러간다.

명심하라! 비워야 비로소 채워진다. 반드시 물리적으로 보이는 것부터 제거해야 마음도 정리된다는 사실을 기억하라! 동료 관계 이상으로 친했던 인간관계, 전 직장에서 좋았던 업무 방식들을 모

두 버리라는 의미가 아니다. 새로움을 채우고 집중하기 위해 비워낼 공간을 의도적으로 만들어보자.

90일, 수습기간의 법칙

씨를 잘 뿌리고 땅은 비옥하더라도 날씨가 장마이거나 가뭄이면 농사는 망칠 수 있다. 사람이 가진 자질을 땅, 이직한 직장의 환경은 날씨라고 본다면 적응하지 못하는 것은 그 사람이 부족해서가 아니라 주어지는 환경에 따라 다를 수 있다는 사실을 기억하자.

긍정적인 태도를 가지고 성취 경험이 많은 사람도 새로운 직장 적응에 실패하기도 한다. 왜일까? 그것은 바로 너무 잘하려고 하는 완벽주의가 불안을 만들고, 행동과 태도를 위축하기 때문이다. 그리고 경력 입사자가 생각하는 기준과 새로 옮겨간 곳의 기준이 다르다면 누구나 당황하기 마련이다. 시간이 지나면 나아질 수 있다. 조급해하지 말자. 새로운 환경에서 인간은 주변에 자신을 맞춰가는 '코핑coping(대처) 메커니즘'을 작동한다. 영국 심리학자 필리파 랠리의 실험에 의하면 사람들이 새로운 습관을 받아들이는 데는 평균적으로 84일이 걸린다고 한다. 즉 3개월 정도는 누구든

헤매는 게 정상이라는 말이다.

신규 입사자는 빨리 적응하려고 노력한다. 워라밸도 잠시 미뤄두고 일찍 출근하고, 야근도 불사하는 경우도 있다. 이는 체력도 떨어질뿐더러 갈수록 스트레스가 쌓일 수밖에 없는 단기적인 처방이다. 음식은 천천히 꼭꼭 씹어 먹었을 때 소화가 잘된다. 직장 생활도 천천히 꼭꼭 씹어 먹어야 본인의 역할을 잘 소화할 수 있다. 맛도 모른 채로 양껏 집어넣다 보면 자칫 소화불량에 걸리기 쉽다. 그 열정은 충분히 이해가 가지만 직장 생활은 마라톤이다. 90일이라는 시간을 스스로 정해놓고 그 시간 안에서는 직장 생활을 천천히 꼭꼭 씹어 먹어라! 그 누구도 빨리 먹으라고 재촉할 수 없는 당신만의 시간이다.

사실 저 그 정도 실력 아니거든요. 들통날까 봐 걱정돼요

"기대를 저버리기 겁나네요"

신규 입사자들은 본인도 깨닫지 못하는 사이, 크고 작은 인정 강박에 시달린다. 인정받기 위해 과로하다 번아웃에 빠진다. 업무 시간 이후에도 뭔가를 배운다. 인정받으려고 애쓰다 곧 실망하고 포기해 버리기도 한다. 즉 타인의 기대에 노예가 되어버릴 수 있다. "기대를 저버리기 겁나네요"라는 말처럼 안쓰러운 말도 없다.

우리는 왜 새로운 직장에서 타인의 기대에 부응하기 위해 애를

온보딩

쓰는 걸까? 아마 새로 입사하게 된 조직 구성원의 인정과 평판은 생존과 직결되기 때문일 것이다. 사람은 누구나 주위의 기대에 부응하고 싶어 한다. 특히 한국인들은 자신이 속한 조직으로부터의 인정을 각별하게 여긴다. 기대를 받고 이를 충족해가는 것은 성장에 큰 도움이 되지만, 기대의 노예가 되지 않도록 각별히 유의하자.

경력 입사자 대다수는 실제 기대보다 기대를 더 무겁게 받아들이는 경향이 있다. 기대하는 쪽보다 기대를 받는 쪽이 약자일 수 있다. 새로운 조직에 대해 잘 모르고, 경험도 부족하고, 정보도 없다. 또 기대하는 쪽은 '다른 사람의 일'이지만, 기대를 받는 쪽은 '나의 일', 나 자신에 대한 평판이 걸려 있기 때문이다. 입사하는 과정에서 한번 인정받은 경력 입사자는 부담과 압박감을 내려놓기가 쉽지 않다.

《넛지》를 쓴 행동경제학자 리처드 세일러는 이를 '보유 효과'로 설명한다. 보유 효과는 사람들이 어떤 물건(또는 지위, 권력 등)을 소유하고 있을 때 그것을 갖고 있지 않을 때보다 그 가치를 높게 평가하여 소유하고 있는 물건을 내놓는 것을 손실로 여기는 심리 현상을 말한다. 따라서 같은 것이라도 얻을 때의 가치보다 이미 얻은 것을 잃을 때의 가치가 더 크게 느껴진다. 하지만 생각해보자. 내가 입사하게 된 건 인정받았다는 부분도 있지만, 회사가 나를 필요로 한다는 의미이기도 하지 않은가? 부담감이라는 굴레에 깊이 갇힐 필요는 없다.

인정은 상대방 의지와도 연결되어 있다. 자신이 아무리 인정받고 싶어도, 아무리 노력해도 상대가 인정해주지 않으면 인정 욕구는 채워지지 않을 수 있다. 따라서 한 곳에만 온전히 올인하기보다는 부캐 개발, 취미 생활로 상황에 맞는 여러 개의 페르소나 persona를 갖는 것도 방법이다. 페르소나는 주위 사람들의 요구를 포용해가며 만들어진다. 개인이 상황에 맞게 다른 사람으로 변신하여 다양한 정체성을 표출하는 시대다. '여기서 인정받지 못하면 다른 곳에서 받으면 되지'라는 여유가 덤으로 생긴다. 나의 자존감을 높일 수 있는 모임이나 장소가 많을수록 평가에 덜 심각해지고, 부담을 내려놓기 수월해진다. 끊임없이 새로운 나를 발견하며 멀티 페르소나를 갖는 것이 경쟁력이고, 삶의 원동력이 되는 시대 아닌가?

스몰 스텝
전략

부담감을 내려놓은 이후에는 어떻게 해야 할까? 경력 입사자는 아주 작은 성공부터 이뤄보는 것이 좋다. 로버트 마우어 박사는 노자가《도덕경》에서 "천릿길을 걷는 것도 반드시 한 걸음을 떼는 것에서 시작한다"라고 말한 점에서 착안해 '스몰 스텝small step' 전략을 제안한다. 인간의 뇌는 새로운 도전의 욕구가 일어날 때 어느 정도의 두려움이 발생하도록 프로그래밍되어 있는데, 작은 목표부터 세우면 두려움을 우회할 수 있다는 것이다. 결국 우리는 뇌가 놀라지 않도록, 변화를 두려워하지 않도록 행동을 아주 잘게 쪼개는 스몰 스텝 전략을 시도할 필요가 있다. 신규 입사자로서 작게 시작하는 방법, 즉 완벽하지 않으려는 연습도 필요하다. 꿈을 그리는 초현실주의 작가인 살바도르 달리Salvador Dali는 이렇게 말했다.

"완벽을 두려워하지 마라. 어차피 완벽할 수 없을 테니까!"

실망감을 줄이는
미끼 효과

부담감을 내려놓고 작은 목표를 수립한 이후에도 여전히 줄어들지 않는가? 타인의 기대감을 적당히 낮출 필요가 있다. 기대가 작으면 그만큼 실망감도 작아진다. 타인의 실망감을 줄일 수 있는 미끼 효과가 있다. 바로, 미리 포석을 깔아두는 방법이다. 예를 들어 "경제 위기 때문에 채용 시장이 매우 좋지 않습니다. 전년과 같은 수준의 예산으로 채용 브랜딩과 마케팅을 진행하더라도 비슷한 수준의 지원자가 모이기 어려울 것 같습니다. 이는 한 달 전 채용 마케팅을 시작한 경쟁사도 동일한 상황입니다"라고 말하는 것이다. 또는 자신의 약점을 노출해서 기대 수준을 낮춰 놓으면 나중에 실패해도 이해받을 수 있다. 회사에서 당장 성과를 내기 힘들 경우 이처럼 상대의 마음속 추를 작게 만들어두면 의외로 좋은 반응을 유도할 수 있다.

내 실력을 성장시키는 법

불안을 극복하기 위한 단 하나의 전략이 있다면 바로 실력을 갖추는 것이다. 그런데 문제는 실력은 하루아침에 향상되지 않는다. "열심히 하지 말고 잘해!" 직장 선배들이 자주 하는 말이다. 그럼 후배들은 '지금 당장 잘할 실력이 없는데 어떻게 하라는 거지?'라고 생각할 수밖에 없다. 하지만 마음가짐은 프로가 되어야 한다. 일의 과정과 결과에 대해 반드시 책임지겠다는 태도 말이다. 한가지 더하자면, 남들이 할 수 있다면 나도 할 수 있다는 용기도 필요하다.

《그레이트 마인드셋》의 저자 루이스 하우즈[7]는 마음의 태도를 바꾸면 인생의 궤도도 극적으로 바뀐다고 말했다. 실패를 딛고 탁월함으로 도약하기 위해서는 '나쁘지 않아'에 머무는 적당주의에서 탈피해야 한다고 강조한다. 자신의 탁월함을 가로막는 두려움의 정체를 바로 파악할 수 있어야 한다.

7   루이스 하우즈,《그레이트 마인드셋》, 포레스트북스, 2023

소프트랜딩 성공 노하우 전수:
적응

프로이직러 S 선임:
반년 만에 연봉 계약서 재갱신, 반전 드라마

오히려 낮춰서 왔다고 생각했는데, 초기에 굉장히 고전했습니다. 조급해지더라고요. 형식적인 수습 기간이라고 생각했는데 뭐 하나 제대로 보여주지 못하고 지나가니 슬슬 불안이 올라오던데요. 1개월이면 여러 개의 잽을 보여줘야 하고, 3개월이면 큰 거 한 방은 보여줘야 한다고 코칭 받았는데 올리는 제안마다 반려되니 뭐 하나 추진도 못 해보고 속절없이 시간만 가는 겁니다. 시한부 인생의 막달 같은 느낌이 드니 제가 어떻게 했겠어요? 무리수를 두는 겁니다. 잘될 리가 없었죠. 급기야 다른 부서로 이동하는 것에 대한 제안을 받았습니다. 취지는 포장해줬지만 제가 애도 아니고 다 알아차렸죠. 정신이 번쩍 들더라고요. 뭐가 잘못된 걸까? 그 사이 친해진 동료와 허심탄회하게 얘기해보니 이런 말을 하는 겁니다. "우리 회사를 은근히 무시하는 느낌이 들어요." 내가? 무슨 소리인가 싶었습니다. 더 설명을 요청해보니 당신은 전문가고, 우리는 찌질한 회사 같다는 겁니다. 제안하는 내용도 회사 상황과 전혀 맞지 않고, 표현하는 방식도 과하다 보니 부담스럽다는 건데…. 순간 부정할 수가 없었죠. 솔직히 무시하는 마음이 있었거든요.

세계여행을 하느라 공백이 있었던 터라 감이 떨어졌다는 소리 들을까 봐 더 뾰족하게 말하려고 했어요. 빠르게 전문가로 인정받고 싶어 결과를 서두르다 보니 나한테 익숙한 방법만 주장했고, 이들은 불편했던 거죠. 이 좋은 걸 왜 못 받아먹나 탓만 했는데, 이렇게 가다가는 전문가는커녕 두고두고 빌런으로 회자되겠더라고요. 그때부터는 질문하고 또 질문했어요. 이전엔 들어봐야 나올 게 없다고 생각해서 묻지 않았는데, 캐묻다 보니 왜 요청했는지 뭘 기대하는지 알겠더라고요. 그걸 충족시키기 위한 신박한 방법을 제시하자 감탄지수가 확 올라갔습니다.

나를 증명하려고 했을 때는 안 되던 게 조직에서 원하는 것을 구현해주는 사람으로 방향을 전환하니 평판이 완전 달라졌어요. 그러나 워낙 급하게 들어갔던 회사라 1년 반 빡세게 하고 나왔어요. 다른 부서로 보내려던 사람들이 언제 그랬냐는 듯이 집요하게 붙잡더라고요. 대표님의 손편지까지 받았지만 미련 없이 털고 나왔습니다. 후배들에게 절대 급하게 생각하지 말라고 강조합니다. 그러다 메뚜기 되는 거죠! 타율을 높이려면 짐작하지 말고 묻는 게 최고예요!

프로이직러 R 대리 :
이직 첫해 그룹사 핵심인재로 선발

어느 날 사무실에 앉아 있다가 이런 생각이 들더라고요. '나만 불안한 게 아니라 저들도 꽤 불안하겠다. 저들은 뭘 걱정하고 있을까?' TO도 없는 와중에 어렵게 나를 뽑았는데, 제가 적응해 줄지, 얼마나 빠르게 적응할지 걱정 반 기대 반 아니겠어요? 생각이 바뀌니까 자연스럽게 행동이 바뀌더라고요.

그때부터는 질문을 해도 나를 위해서가 아니라 저들을 위해서도 한다는 생각을 가졌죠! 그랬더니 질문하는 게 편해지더라고요. 지금은 피곤하겠지만 하루라도 빨리 질문 없이 일을 해내는 게 더 낫겠죠. 그렇다고 질문을 막 던지진 않았습니다. 사수라고 매칭된 분이 있었는데, 그분께 2주간 양해를 구했어요.

'점심 직후 30여 분만 시간을 내달라. 그때 모아서 궁금한 것들을 묻겠다'고 한 거죠. 며칠 성가셨는지 그렇게 하면 안 끊기고 업무할 수 있으니 더 낫겠다고 하더라고요. 그 시간이 됐을 때도 밑도 끝도 없이 묻지 않았어요. 여기까지 해봤고 다음을 이렇게 하면 될 것 같은데, 맞냐? 질문을 들으면 사람 수준이 보인다며 되려 칭찬을 아끼지 않았어요.

그분에게 검수도 받아야 했는데, 금요일이 데드라인이라고 하면 그때 처음 보여주는 게 아니라 그날엔 결과물을 마무리하는 것으로 잡았죠. 그래서 그사이에 100% 얼라인align하기 위한 과정들을 집어넣었어요. 당연히 일 좀 한다는 평가를 받았죠. 잘해서라기보다는 엉뚱한 것은 해오지 않겠구나 하는 불안감을 덜어준 거죠.

나중에 공식적인 피드백 타임에서 팀원 모두가 공통적으로 언급한 긍정 포인트는 제가 미팅에 그냥 들어오는 법이 없었다는 거예요. 오히려 제 모습을 보면서 반성을 했다는 겁니다. 늘 질문이 준비되어 있었고, 뭐라도 의견을 얘기하니 놀랐다고 하더라고요. 저 친구는 됐다 싶었답니다. 저도 직전 회사에선 깍두기 노릇을 많이 했죠. 그냥 돌아가는 거 보는 자리라고 해서 곧이곧대로 믿었는데, 꼭 질문을 한 번씩 하더라고요. 리프레시한 시각이 궁금하다면서요. 몇 번 당황해서 장황하게 늘어놨죠. 이후 미팅이 잡히면 꼭 세 가지를 해요. 일단 뭘 준비해서 가야 할지 질문합니다. 질문하는 것만으로 주도적으로 봐주는 효과가 있어요. 그리고 자료가 있으면 꼭 출력해서 갑니다. 초창기엔 그래요. 동그라미도 치면서 읽고 온 티를 내는 거죠. 읽었으면 키워드 중심으로 몇 가지 생각을 가지고 들어가는데, 이게 '있다, 없다'의 차이는 정말 커요. 일단 심리적으로 안정감이 있고, 평판 관리에도 큰 영향을 미치거든요. 직장이라는 게 프로액션 하지 않으면 리액션만 하게 되죠. 제 자존심에 그건 용납이 안 되어 조금 번거롭더라도 서로가 빨리 편해지기 위해 신경 쓰고 있습니다.

온보딩

PART 3

불편

◆

여전히 사람들과
어색하고 불편할 때

"습관 된다, 두렵다고 피하는 거.
긴장되면 긴장된 상태로 하면서 이겨내야지.
피하는 거 습관 되면 나중에 트라우마 돼."
— 드라마, 〈대행사〉 —

01 끼리끼리 따돌림?
텃세가 심합니다

텃세에도
다 유형이 있다

"끼워 줄 듯 말 듯… 겉도는 느낌이 듭니다."

'텃세는 반드시 발생한다.' 이번 파트에서 받아들여야 하는 사실이다. 인간은 기본적으로 주어진 힘을 지키고 강화하고 싶어 한다. 인간뿐만 아니라 이건 정글에 있는 동물들에게도 적용되는 자연의 원리이다. 텃세를 사회 교환 이론Social Exchange Theory으로 이해해보자. 사회 교환 이론은 개인들 사이의 상호작용이 서로 이익을 추구하고 비용과 보상을 고려하는 계산적인 과정이다. 텃세는 상호작용에서 발생하는 갈등과 조정의 과정으로 볼 수 있다.

이처럼 텃세는 복잡한 사회적 상호작용과 개인의 심리적 요인 들이 복합적으로 작용하는 현상이다. 따라서 종합적 관점에서 바라보고 이해하는 것이 중요하다. 당신이 집중해야 하는 것은 그런 텃세의 유형과 흐름을 빠르게 파악하고 해결책을 찾는 일이다.

먼저 '고성과자'가 부리는 텃세인가?', 아니면 '저성과자가 부리는 텃세인가?'로 구분해서 볼 필요가 있다. 물론 당신이 새로 입사한 조직의 생리를 빨리 파악하는 센스가 있다는 전제에서 단호하게 말하면, 후자가 부리는 텃세는 살짝 무시해도 괜찮으리라. 이들이 부리는 텃세는 보통 업무 외적인 것에서 시비를 걸어오는 경우가 많다. 옷차림, 말투, 전 회사 경력 등 실제 새롭게 이동한 회사에서의 업무역량이나 성과와 무관한 사실을 문제 삼는 경우가 많다. 물론 그들에게 적개심을 가지고 상황을 악화하라는 말은 아니다. 그들의 텃세에 대응하지 말고 현상을 유지하자. 우리가 공략해야 하는 진짜 텃세는 '고성과자들이 부리는 텃세'이니까.

'고성과자 텃세'는 우리가 우선적으로 공략해야 하는 타깃이다. 고성과자들은 같은 수준의 뛰어난 '동료'를 옆에 두길 원한다. 미국의 한 연구에 따르면 S급 인재들은 S급 인재들을 회사에 추천하고, A급 이하의 인재들은 자신보다 모자란 인재들을 추천한다는 경향을 보인다고 한다. 이들은 새로 입사한 경력직이 자신들의 업무적 허들을 넘어 진정한 동료가 될 수 있는지 파악하고 싶어 한다. 어떤 조직이라도 고성과자/저성과자 집단은 구분하고, 만약 당신이 고성과자들의 텃세를 넘지 못한다면, 당신은 그들에게 'one of 저성과자'로 분류될 수밖에 없다.

고성과자들에게는 '단계적 신뢰 확보 전략'이 필요하다. 그들도 당신이 새로운 회사와 산업에 적응하기 위해서는 시간이 필요하다는 것을 알고 있다. 처음엔 작은 업무들로 당신을 시험할 것이다. 당신은 이러한 테스트 하나하나를 기회라고 생각하고 100% 이상의 아웃풋을 만들어내는 것에 몰두해라. 고경험자 또는 고성과자들은 아주 단순한 업무 결과물만 봐도 얼마나 인풋을 넣었는지 본능적으로 안다(그들도 이미 그런 시행착오를 다 겪어왔기 때문이다). 고성과자들의 빠른 신뢰를 얻는 것, 이것이 텃세를 극복하는 가장 빠른 지름길이다. 이 전략이 성공한다면 '저성과자들의 의미 없는 텃세'는 없던 일이 될 수 있다. 다시 한번 강조하지만 세상에 모든 사람을 내 편으로 만들 필요는 없다. 집중할 곳에 집중해라. 모든 사람이 내 편이라는 것은 내 편이 아무도 없다는 것을 의미한다.

텃세를 극복하고
상대를 무너뜨리는 방법

텃세를 극복하려면 자기효능감self-efficacy theory이 있어야 한다. 자기효능감은 주어진 과제나 일을 성공적으로 수행할 수 있다는 자신의 능력에 대한 믿음이다. 높은 자기효능감을 가진 사람들은 도전적인 상황에서 더 높은 성과를 이루는 경향이 있다. 텃세를 극복하려면 자기효능감이 중요한 역할을 할 수 있다. 상황을 탓하기보다 어떻게 극복해나가야 하는지를 고민해야 한다.

'사람이 3명 이상 모이면 편이 갈린다'는 말이 있다. 자연의 법칙과도 같다. 결국 내가 소속한 팀 구성원 중 편 가르기를 조장하는 사람이 있는지가 중요하다. 은근한 분위기를 조성하며 편 가르기를 주도하는 핵심 인물이 존재한다. 왜 편을 가를까? 핵심 감정은 질투라고 할 수 있다. 질투는 인간의 생존본능에 의한 본능적 방어기제이다. 태도가 중요한 초반에는 촉각을 곤두세우고 행동해야 한다. 가령, 열심히 하는 모습을 보이면 좋게 본다. 일이 좀 미숙하더라도 열심히 하고 싶어 하며 노력하는 모습을 어필하면 좋다. 먹을 것도 종종 나눠주며 사근사근한 말투로 한마디씩 건넨다. 칭찬해도 좋다.

이렇게 작은 행동들을 통해 우선 호감 가는 사람이 되어보자.

온보딩

그러나 편 가르기가 시작되면 나의 호의적인 태도와 행동이 통하지 않을 때가 있다. 이때는 확실하게 노선을 정해야 한다. 애매하게 맞춰주면 오히려 역효과가 날 수 있다. 이런 상황에서는 편 가르기에 대응하는 두 가지 방법을 활용하면 좋다.

첫째, 같은 부류로 보인다

같은 부류가 되라는 것은 아니다. 이너 서클에 들어갈 때까진 그런 척이라도 해야 한다. 만약 소속 팀원이 외모에 별로 신경 쓰지 않는다면 튀는 색, 튀는 디자인의 옷은 입지 말자. 편 가르기를 주도하는 팀원이 소재로 삼기 쉬운 눈에 띄는 인상착의를 자제함으로써 이질감을 느낄 요소를 원천 차단한다. 화장도 기본만 하고, 외모에 관심 없는 것처럼 하는 것이 좋다. 그렇다고 구질구질하게 다니라는 것은 아니다. 깔끔하고 단정하게 입으라는 것이다. 당분간 꾸미는 건 퇴근 이후 주말에 실컷 꾸며라. 반대로, 꾸미는 것에 관심 있는 부류라면 나도 어느 정도 외모에 신경 쓰고 투자해야 한다. 결국 비슷한 부류로 보여 동질감을 느끼게 할 수 있다.

둘째, 그들과의 관계나 정서에 신경 끄고, 내 할 일에 집중한다

기본 전제는 누구도 무시할 수 없게 일단 일을 잘해야 한다. 텃세를 부리는 무리와 적대시하진 않지만 특별히 잘 보이려는 노력을 멈추고 모르는 척 아무렇지 않게 대한다. 그리고 업무적 성과를 내기 위해 더욱 필사적으로 노력한다. 편 가르기에 신경 쓰지 않는 무관심으로 흔들림 없이 업무에 몰입한다. 시간이 지나 적응이 끝나고, 업무적 성과를 냈을 땐 절대 자랑하지 않는다. 겸손하게 맡은 업무를 묵묵하게 해나가면 된다. 상사가 편 가르기에 동참하지 않는 경우라면 성과를 내서 상사에게 인정받고, 위기 시 상사가 나의 우산이 되어줄 수 있도록 신뢰 관계를 구축한다.

친밀한 관계 형성에 점심을 활용해보자

"점심 누구랑 먹을지 고민되는데… 혼밥 하면 안 되나요?"

'먹고살자고 하는 일인데…'. 우리가 습관적으로 하는 말이다. 점심은 직장인의 삶에 큰 중요도와 비중을 차지한다. 하지만 새로운 회사에의 점심시간을 생각하면 걱정이 앞선다. 혼자 밥 먹는 것이 편하지만 사회적 동물인 인간의 본능에 반하는 것 같다. 새로운 회사에서 아싸 기질을 처음부터 내뿜을 것만 같다. 그렇다고 처음부터 먼저 밥을 먹자고 얘기하자니 상대방도 부담스러워하지 않을까 걱정된다.

HR컨설팅사 이그나이트80의 창립자 론 프리드먼은 "일하기 좋은 직장의 조건 중 하나는 구성원이 회사 동료들과 친밀한 관계를 유지하느냐이다. 친한 사람이 많은 곳일수록 회사에 대한 로열티와 업무 몰입도는 높아지고 적극적인 피드백이 늘어난다"고 말했다.[1] 진정한 우정을 쌓는 친구 관계까진 아니더라도 일터에서 내적인 소통이 가능한 '친밀한 동료'는 만들어야 한다. 친밀감이 있는 조직은 서로의 성공을 진심으로 바란다. 그리고 정신적인 위로와 업무적인 도움을 주고받는 절친한 친구 관계가 되어 직장 생활의 즐거움과 나아가 인생의 행복을 느끼게 할 수 있다. 결국 직장 생활을 잘 유지하는 중요한 요소 중 하나가 '친밀한 동료'가 있는지이다. 동료와의 친밀감 형성을 위한 가장 좋은 기회, 점심시간을 전략적으로 활용할 필요가 있다.

회사에서 점심은 그냥 즐거운 사람들과 농담을 즐기는 시간만은 아니다. 물론 그런 캐주얼한 즐거운 점심도 있겠지만, 외부 회사와 미팅, 유관부서와의 런치 토크가 있을 수도 있다. 점심의 유형은 크게 세 가지로 분류할 수 있고, 각 유형별 접근 방법이 다를 수 있다.

---

1 론 프리드먼, 《역설계》, 어크로스, 2022

첫째, 캐주얼 점심

우리가 가장 먼저 공략해야 하는 점심이다. 여기서 중요한 것은 내가 필요한 사람을 우선 찾아보는 것이다. 최우선적으로 가장 편하게 지낼 수 있는 '친구 같은 동료'를 찾아야 한다. 그렇다면 내가 신경을 써서라도 친해져야 하는 사람은 어떠한 사람일까? 답은 간단하다. 이미 회사에서 인싸의 기질로 많은 사람과 좋은 관계를 유지하고 있는 사람이다. 내가 시행착오를 겪으며 10명에게 접근해서 3명을 남길 것인가, 아니면 이미 그 시행착오를 겪고 역량이나 인간적으로 '괜찮은' 사람을 회사 여기저기에 남겨 놓은 사람과 친해질 것인가. 후자를 택하면 나의 사내 네트워크는 쉽고 빠르게 확장될 수 있다. 그 '인싸'를 매개체로 회사의 키맨들과 자연스럽게 다른 점심 약속을 잡고, 빠르게 회사의 관계를 확장할 수 있다.

둘째, 부서 간 점심

첫 번째 스텝을 잘 넘었다면 이제 부서 간 점심 기회가 발생할 것이다. 회사 일은 '타 부서와 좋은 관계를 만들고 유지하는 것도 중요한 포인트이다. 입사 초기, 타 부서와의 교류에 관심이 있다는 것을 먼저 명확하게 어필하면 좋다.

온보딩

셋째, 업무적으로 이루어지는 점심

점심시간에 인맥을 다지기 위해서는 다양한 사람들과 점심 약속은 기본이다. 늘 같이 생활하는 팀원들과 점심도 중요하지만 다양한 부서나 직업군의 사람과 점심을 먹어야 더 넓은 인맥을 쌓을 수 있다. 딱딱한 사무실보다는 맛있는 음식을 앞에 놓고 이야기를 나누는 쪽이 분위기도 한결 부드럽기 마련이다. 평소 친분이 없는 사람들과 식사가 꺼려진다면 마음이 맞는 동료 몇 명이 힘을 모아서 함께 인맥을 관리하는 것도 방법이다.

02 팀장님이랑 너무 안 맞아요

"새로운 팀장님이랑 업무 스타일이 너무 안 맞아요…. 예전 상사에게 배운 대로 했을 뿐인데."

업무적으로 가장 많이 소통하는 관계가 팀장과 팀원이다. 그만큼 중요하면서 어려운 관계라 팀장과 팀원의 소통법에 대한 많은 글이 쏟아진다. 다만, 팀장이 누가 될지는 나의 통제 영역이 아니다. 따라서 내가 이 회사를 다니기로 결정했다면 팀장과 계속 부딪힐 것이 아니라 단계적 전략에 따라 대응하는 것이 필요하다.

팀장 입장에서
생각해라

팀장을 건너뛸 자신이 없다면 팀장의 지시에 최대한 맞추는 게 좋다. 내 의견을 내세우기보다는 어떻게 하면 팀장의 지시를 잘 수행할 수 있을지 고민해야 한다. 나의 마이웨이는 통하지 않는다. 어쩔 수 없는 조직의 생리를 받아들여야 한다. 팀원들이 각자 본인 스타일대로 일을 한다면 팀장이 팀을 잘 이끌 수 있을까? 팀장의 리더십 스타일에 맞게 잘 팔로우할 수 있는 것이 팀원의 역량 중 하나이다. 본인 스타일만을 고집하는 팀원은 좋은 팀원이 아닐 수 있다. 팀장 입장에서는 본인과 다른 스타일을 갖고 있는 팀원이 좋게 보일 리 없을 것이다. 사람은 본인과 닮은 사람을 더 좋아하기 마련이다.

팀장의 숨겨진
니즈를 파악하라

팀장은 나에게 어떤 기대치를 가지고 있을까? 팀장은 나의 고객 중 한 명이다. 고객이 알아서 찾아와 주지 않듯이 고객이 요구하는 사항들에 대하여 지속적으로 고민하고 찾아내야 한다. 그리고 진정한 고객 만족을 위해서는 고객의 아픈 곳인 패인 포인트Pain Point에 집중해야 한다. 기대치는 패인 포인트에서 나온다. 숨겨진 니즈를 파악해야 한다. 만약 팀장에 대해 잘 모르는 경우라면 인사팀장을 찾아가서라도 팀장의 성향에 대해서 파악해야 한다. 그냥 무턱대고 팀장을 찾아가는 것이 아니라 팀장의 답변을 이끌어내기 위한 준비가 필요하다. 팀장에게 잘하고 싶은 마음과 내가 어떤 점을 개선하면 좋을지 조언을 구해보자. 그리고 본인도 팀장에게 '지원'을 요청해야 한다. 표현하지 않으면 모른다.

팀장을 바꿀 수 없다면
본인을 바꿔라

본인의 업무 스타일을 갑자기 바꾼다는 것은 쉽지 않다. 특히 전 직장에서 업무 능력을 인정받아 왔다면 본인의 방식에 자신이 있을 것이다. 그렇다면 더욱 본인의 업무 스타일을 바꾸고 싶지 않을 것이다. 하지만 팀장의 업무 스타일을 바꿀 수는 없는 노릇이다. 유일한 방법은 자신의 업무 스타일을 바꾸는 것이다. 선택해야 한다.

온보딩

팀장 업무 스타일에 맞추기로 결심했다면, 지금까지 해온 본인의 방식이 항상 옳다는 생각을 버려야 한다. 회사의 조직문화나 팀장의 리더십 스타일에 따라 업무방식에는 차이가 있다. 따라서 전 직장에서 통하던 방법이 현 직장에서는 통하지 않을 수 있다. 세상에 정답은 없듯 현재 회사의 업무방식도, 팀장의 업무방식도 100% 맞거나 틀렸다고 할 수 없다. 반대로 내 방식이100% 옳거나 틀릴 수도 있다. 본인의 업무 스타일은 본인이 팀장으로 승진한 뒤에 펼쳐도 늦지 않다. 팀원은 다양한 스타일의 팀장을 경험하며 개인의 고유한 강점과 노하우를 흡수하는 편이 내 성장에 더 도움이 될 것이다. 법이나 윤리적으로 문제가 생기는 경우가 아니라면, 팀장의 업무 스타일에 맞춰보기 위해 노력하는 과정에서 분명한 배움이 있을 것이다. 현재의 팀장을 믿고 그 방식대로 일해보며 코드를 맞춰 나가는 것도 능력이다.

03 은근 무시하는
느낌이 들어요

"아뇨, 생각했던 것과 많이 다르네요. 사람들이 일만 해요."

이직한 직장은 다닐 만하냐는 지인의 질문에 한참을 고민하던 박철우 씨가 한 말이다. 한숨이 가득 담긴 말 속에는 '직장 내 대인관계'에 관한 고민이 짙게 묻어난다. 한 달 전 박철우 씨는 A사에서 10년 동안 쌓은 경력을 바탕으로 B사로 이직하는 데 성공했다. 처음 B사에 합격했다는 소식을 들었을 때는 앞으로 새로운 공간에서, 새로운 사람들과 새로운 일을 하면서 성장해갈 미래의 자신의 모습을 상상하는 그 자체만으로도 설레고 가슴이 벅찼다.

그 가슴 벅찬 설렘의 감정은 B사로 출근한 첫날부터 당황, 불편, 실망으로 변했다. 먼저 다가가 인사를 해도 인사를 받는 둥 마는 둥 하고, 자신에게는 눈길조차 주지 않고 일만 하는 사람들의 모습을 보면서 박철우 씨는 적잖이 당황했다. 아니, 새로운 조직이 불편하고 실망스러웠다. 미움보다 힘든 것이 무관심이라고 했던가. 은근히 나를 무시하는 느낌이 드는 팀원들의 모습을 볼 때면 물속에 섞이지 않고 둥둥 떠다니는 기름 마냥 이방인이 된 기분이다. 뭔가 불편한 마음이 드니 업무적으로 물어봐서 해결해야 하는 일도 '혹시 다른 사람에게 방해가 되면 어떡하지?' 이런 생각이 들어 물어보는 자체가 껄끄럽다. 그럴 때면 새로운 조직에 수용되지 못했다는 생각에 자꾸 우울한 감정이 든다.

신규 입사자에게
친밀한 관계가 중요한 이유

직장 생활에서 협업은 필수다. 어떤 업무든지 늘 함께 일해야 하는 대상이 존재하고, 어떻게 협업을 하느냐에 따라 결과가 천차만별 달라진다. 하지만 처음 조직에 합류한 사람이 협업하기란 결코 쉬운 일이 아니다. 협업을 가로막는 '검색장벽'과 '이전장벽'이 존재하기 때문이다. 두 가지 장벽은 조직에 처음 합류하는 사람에게는 가장 어려운 장벽이자, 빠르게 뛰어넘어야 하는 장벽이기도 하다.

검색장벽

조직 내 어딘가 내가 해결해야 하는 문제의 해답을 알고 있는 사람이 있다. 하지만 처음 조직에 합류한 사람은 답을 알고 있는 사람이 누군지, 또 어디에 있는지 몰라 원하는 정보 자체를 찾을 수 없는 장벽이다. 내가 필요한 정보가 어디에, 누구에게 있는지만 알아도 몇 마디 말로 물어보고 쉽게 해결할 수 있는 일이지만, 그 사람이 누구인지 알지 못해 지나치게 많은 시간을 필요한 지식과 정보를 검색하는 데 소모하게 된다. 이런 경우에 우리는 '삽질하고 있다'고 표현하곤 한다. 원래의 목적과는 거리가 먼 일에 지나친 시간을 소요하게 된다는 말이다.

이전장벽

자신의 전문지식, 노하우를 이전하는 데 어려움을 겪는 것이다. '이전장벽'은 이런 개인만 알고 있는 암묵적 지식으로 명시적으로 표현하기 어려운 정보가 대다수다. 정보 자체의 어려움도 정보를 이전하는 데 장벽을 만드는 역할을 하지만, 무엇보다 구성원들이 서로를 잘 모르면 지식을 이전하기가 더욱 어려워지는 것이다. 따라서 이전장벽을 부수고 협업을 잘 이끌어내기 위해서는 구성원들의 강한 유대감, 즉 친밀한 관계는 필수다.

박철우 씨는 친밀한 관계가 전제되어야 원활한 협업을 만들어낼 수 있고, 또 그 협업을 통해 다양한 업무 성과를 이끌어낼 수 있다는 강력한 믿음을 가지고 있는 사람이다. 새로운 직장은 어떠냐는 지인의 질문에 "사람들이 일만 해요"라고 대답한 것만 보아도 빠르게 조직에 수용되어 친밀한 관계를 형성하고 싶은 박철우씨의 '관계적 욕구'를 쉽게 알 수 있다. 유독 '관계적 욕구'가 큰 데는 그만한 이유가 있다. A사에서 10년의 경력을 쌓는 동안 박철우씨는 여러 번 업무적 성공을 거두었는데, 그 경험을 통해 얻은 교훈이 있다. 바로 조직 내에서 가장 빠르고 강력한 성공을 거두기위해서는 '친밀한 관계'를 형성해야 한다는 것이다.

정리하자면 박철우 씨는 성공하려면 '친밀한 관계'를 빠르게 형성하여, 그 관계에서 성공을 끌어내는 수단과 방법으로 사용해야한다는 생각이 강하다. 새로운 조직에 들어와서 빠르게 '검색장벽', '이전장벽'을 부술 수 있고, 오랜 시간 삽질하지 않고 자신의능력을 성과로 증명하려면 '친밀한 관계'가 필요하고 중요했던 것이다. 그러니 자신에게 말 한마디 걸지 않고 일만 하는 사람들이야속하기도 하고, 그런 상황이 더 우울하게 느껴졌다.

관계에
공들이기

하버드대학교 의대 정신과 교수인 로버트 월딩거Robert Waldinger
는 TED 강연에서 75년간 사람들의 일생을 추적 관찰한 연구 결
과에 대해 이야기한다. 사람들은 일반적으로 좋은 삶을 살기 위해
서는 부와 명성, 높은 성취를 추구해야 한다고 생각한다. 하지만
인간의 일생을 건강하고 행복하게 만드는 것은 다른 어떤 것도 아
닌 '좋은 관계'였다고 한다. '좋은 관계'란 친구가 얼마나 많은지,
얼마나 안정적이고 공인된 관계를 갖고 있는지 여부가 아니라 '관
계의 질'을 의미한다.

연구 결과에 따르면 50세에 관계 만족도가 가장 높았던 사람들
이 80세에 가장 건강했다. 바람직하고 친밀한 관계가 나이를 먹
는 동안 겪게 되는 다양한 고통의 완충제 역할을 해준 셈이다. 그
리고 또 하나 놀라운 사실은 은퇴 후 가장 행복했던 사람들은 직
장동료와 친구가 되기 위해 적극적으로 노력했던 사람들이었다는
것이다. 관계 맺기는 골치 아프고 복잡하며, 사람들을 열심히 챙
기는 일은 매력적이거나 멋진 일이 아닐 수도 있다. 게다가 관계
를 맺고 유지하는 일은 평생 계속되고, 끝이 없다. 하지만 로버트
월딩거 교수는 그럼에도 불구하고 행복한 삶, 좋은 삶을 위해 관

계에 공을 들이는 일은 충분히 가치가 있는 일이라고 말한다.

박철우 씨는 자신의 직장 생활을 건강하고 행복하게 만들기 위해 팀원들과 '어떻게 하면 친해질 수 있을까?' 고민해봤다. 그러나 자율 출퇴근 제도로 인해 같은 팀원이라도 출퇴근 시간이 달라 마주칠 수 있는 물리적 시간 자체가 부족했다. 빠른 시일 내에 팀원들과 친해지고 싶었지만 친해질 수 있는 기회 자체가 없다는 것이 가장 큰 고민이었다. 그렇다면 어떻게 해야 팀원들에게 방해가 되지 않으면서도 자연스럽게 다가갈 수 있을까? 아니면, 팀원들이 먼저 다가오게 할 수 있을까?

건강한 방어기제
사용하기

박철우 씨가 새로운 조직에서 구성원들과 빠르게 친밀한 관계를 맺고 싶었던 이유는 크게 두 가지다.

첫째, 업무를 성공적으로 수행하기 위해 기존 프로젝트 스토리를 자연스럽게 물어보고 업무적 팁을 얻고 싶었다. 업무 팁은 친

한 사람에게만 알려주는 것이기에 빨리 친해져서 삽질하는 일을
미연에 방지하고 싶었던 것이다.

둘째, 자연스러운 스몰 토크를 쌓아서 관계를 형성하고 싶은데,
새로운 조직의 분위기를 몰라 어떤 소재의 대화가 좋은지 팁을 얻
고 싶었다.

얼마 전 박철우 씨는 자신보다 먼저 이직한 친구를 만났다. 그
친구가 새로운 조직에서 스몰 토크 차원에서 여직원에게 나이가
몇 살이냐고 물어봤는데, 요즘 시대 직장에서 나이를 물어보는 건
꼰대, 이상한 사람이라는 이야기를 들었다고 억울해하는 모습을
봤다. 친구와 같은 실수를 하고 싶지 않은 마음이다. 멘토링 때 박
철우씨는 멘토에게 도움을 받고 싶은 이 두 가지 이야기를 하였
고, 원하는 도움을 받을 수 있었다.

1981년 미국 레이건 대통령이 정신병을 앓던 25세의 대학 중
퇴생 존 힝클리에게 저격당했다. 미국 대통령의 경호는 가히 세계
최강이라고 불릴 만큼 대단하다고 알려져 있었는데 레이건 대통
령이 총탄을 맞은 것은 실로 엄청나고 충격적인 사건이었다. 이때
레이건 대통령은 다급하게 달려와 자신을 지혈하는 간호사에게
"낸시(레이건의 부인)에게 허락을 받았나"라는 농담을 했다. 레이건
의 유머 한마디가 저격당한 본인뿐만 아니라 간호사를 비롯한 주

변인들의 긴장을 한 번에 날려버렸다는 사실은 굳이 말하지 않아도 충분히 짐작할 수 있다.

또한 응급실에 모인 보좌관들과 경호원들이 침통한 표정을 짓고 있는 것을 보고 "할리우드 배우 시절에 내 인기가 이렇게 폭발적이었다면 배우를 때려치우지 않았을 텐데…"라고 말해 또 한 번 응급실을 웃음으로 뒤집어 놓았다. 잠시 후 부인 낸시 여사가 응급실에 나타나자 "여보, 미안하오. 총알이 날아왔을 때 영화에서처럼 납작 엎드리는걸 깜빡했다오"라고 말하면서 놀라서 가슴을 부여잡은 부인 낸시에게 안도감을 주었다. 이런 응급실 유머가 대중에게 알려진 후 레이건 대통령의 지지율은 한층 더 높아졌다고 한다.

자아가 위협받거나 불안감을 느끼는 상황에서 자신을 보호하기 위해 사용하는 심리의식을 방어기제defense mechanism라고 한다. 다시 말해 방어기제는 갈등과 스트레스를 최소화하려는 심리적 기제를 말한다. 레이건처럼 유머라는 성숙하고 건강한 방어기제를 사용할수록 부정적 상황을 긍정적으로 변화시킬 수 있는 확률이 높아진다. 어려운 상황에서도 웃음을 잃지 않는 건강한 방어기제인 '유머'를 사용한다면 경직된 팀원들의 마음의 문도 열 수 있고, 갈등과 스트레스도 최소화할 수 있을 것이다.

매녀가 빛나는
사람 되기

조직 내에서 관계의 기본은 매일 점심을 꼭 함께하고, 조직에 대한 불만을 서로 나누며 속을 터놓는 관계가 되려고 애쓰는 것이 아니다. 어색하고 무리하게 일원이 되려 애쓰기보다는 정해진 근무 시간 동안 나에게 주어진 몫을 채워 동료에게 손해를 끼치지 않는 것이 더 중요하다. 각자의 역할을 다하며, 서로의 역할을 해내는 것이 바로 직장 관계의 기본이라고 할 수 있다.

좋은 사람처럼 보이는 건 참 쉽다. 고개 끄덕여주고, 눈을 마주쳐주고, 맞장구쳐 주면 된다. 새로운 사람을 만나면 이것이 쉽다. 왜냐하면 그 사람에게 호기심이 있으니까. 정말 중요한 것은 진짜 좋은 사람이 되는 것이다. 상대에 대한 호기심이 사라지고, 관대함이 사라졌을 때 여전히 고개를 끄덕여주고, 눈을 마주치고 맞장구를 쳐주는 것인 진짜 품성이다. 물론 그것만으로 좋은 사람이 되지는 않는다. 나의 일터에서 좋은 사람이 되고 싶다면 좋은 결과를 만들어내야 한다. 다른 구성원들에게 손해와 민폐를 끼치지 않는 완벽한 1인분을 할 수 있어야 한다. 저녁에 맥주 한잔 같이 하고 싶은 사람도 좋지만, 먼저 일터에서 같이 일하고 싶은 사람이 되어야 한다. 그게 직장에서 진짜 좋은 사람이다. 함께 일하고 싶은 사람이 되는 순간 사람들은 알아서 다가올 것이다.

　SBS 스페셜에서 〈매력 DNA〉라는 방송을 한 적이 있다.[2] 우리가 매력적이라고 생각하는 사람들은 어떤 DNA를 가지고 있는지 연구 분석한 결과를 보여주었다. 대표적인 사람으로는 정치인 오바마, 힐러리, 방송인 오프라 윈프리, 축구 감독 히딩크가 있다. 이들은 평소 눈빛, 자세, 행동이 남달랐을 뿐 아니라 무엇보다 '좋은 에너지'를 가지고 있다는 공통점이 있었다. 그 좋은 에너지는 부드러운 미소와 밝은 인상에서, 상대가 듣고 싶어 하는 긍정적인 말에서, 안정감 있고 편안한 목소리를 통해 전해졌다. 또한 내면의 진정성, 외면으로 드러나는 자신감 있는 눈빛과 자세, 그리고 타인을 배려하는 매너 있는 행동은 사람들에게 신뢰감을 주었다.
　매너는 어떤 행동이나 일에 대한 태도, 버릇, 몸가짐이며, 한 사람의 가치관의 총합이라고 할 수 있다. 작고 사소해 보이는 곳에서 매너는 더 빛을 발한다. 출근할 때, 전화를 받거나 걸 때, 미팅할 때, 외출할 때, 퇴근할 때 등 곳곳에서 다른 사람을 배려하고 존중하는 매너 있는 모습을 보여줘라. 백 마디 말보다 한 번의 강력한 매너가 사람을 끌어당기는 힘이 있다.

2　SBS스페셜 제작팀, 〈매력 DNA〉(2009), SBS

04 저 사람이랑 부딪히면 골치 아프다는데, 피할 방법이 없네요

얼마 전 이직한 최지은 씨는 난처한 일이 생겼다. 입사 초기 팀 내에서 암암리에 폭탄이라고 통용되며 조심해야 하는 인물로 알고 있는 진상현 과장과 프로젝트를 함께하게 됐기 때문이다. 도는 소문으로는 진 과장은 쉬운 일은 쏙쏙 뽑아가고, 어렵고 까다로운 일은 다른 사람에게 미루는 데 천부적 재능을 가진 인물이라고 한다. 그리고 기분이 태도가 되는 대표적인 사람으로 이미 자신의 부정적 감정을 주체하지 못하고 버럭 크게 화를 낸 전적이 여러 번 있다고 한다.

최지은 씨는 모두에게 폭탄이라고 불릴 정도의 사람이라면 피하는 게 상책이라는 생각이 들었지만, 딱히 둘러댈 핑곗거리도 없고 난처한 입장이다.

빠르게 성과를 내기 위해, 탁월한 파트너와 함께 일해도 모자랄 판에 팀 내에서 폭탄으로 불리는 사람과 함께 일해야 하다니, 눈앞이 깜깜하고 가슴이 답답하다. 이럴 때는 어떻게 하는 게 좋을까? 고민이 된다.

금쪽이
이해하기

'피할 수 없으면 즐기라'는 말처럼 피할 방도가 없고, 함께 일해야만 하는 대상이라면 좋은 성과를 내기 위해서 좋은 관계를 만들 필요가 있다. 그러기 위해서 제일 먼저 선행되어야 하는 것이 바로 대상을 편견 없이 바라보고 한 인간으로서 이해하는 것이다.

채널A 육아 프로그램 〈금쪽같은 내 새끼〉는 오은영 박사를 중심으로 베테랑 육아 전문가들이 모여 부모들에게 요즘 육아 트렌드를 반영한 육아법을 코칭해주는 프로그램이다. 관찰 카메라에 담긴 육아 모습을 보면서 오은영 박사가 틈틈이 조언을 해주고,

사이사이 다른 출연진들도 대화를 나누면서 정확한 문제 상황이 무엇인지 이해하고, 관찰이 끝난 후에는 의뢰인의 자녀에 대해 적절한 육아법, 일명 '금쪽 처방'을 내려준다.

프로그램을 보고 있으면 정말 다양한 아이들의 문제 행동이 나오는데, 오은영 박사가 조언하고 처방을 내려주는 장면을 보면 공통적으로 아이들의 문제 행동 원인이 부모를 비롯한 가정환경의 영향이 매우 크다는 사실을 엿볼 수 있다. 다시 말해 아이들 본연의 선천적으로 타고난 성향으로 인해 기인한 문제이기보다는 부모와 가정환경으로 인해 후천적으로 생긴 문제이며, 부모와 가정환경을 변화시킬 수만 있다면 아이들의 문제 행동은 얼마든지 줄어들고 개선될 수 있다고 강조하여 말한다.

조직에서 '폭탄'이라고 불리는 이들도 어찌 보면 '우리 조직의 금쪽이'와 같다고 할 수 있다. 문제 행동을 보이는 아이들처럼 이들도 조직에서 처음부터 폭탄 같은 존재는 아니었을 것이다. 수년간의 직장생활 동안 조직 내 다양한 사건 사고를 겪고 목격하면서 나름의 사연과 그럴 수밖에 없는 이유가 있을 수 있다. 스스로 잘못된 행동인 줄 알면서도 한편으로는 자신을 보호하고 방어하기 위해 어쩔 수 없이 나쁜 방어기제를 사용하다 습관이 되고 몸에 배어 버렸을지도 모른다.

스티그마 효과Stigma effect라는 것이 있다. 다른 사람들에게 무시 당하고 부정적인 낙인이 찍히면 점점 나쁜 쪽으로 행태가 변해가 는 현상을 말한다. 사회심리학에서 일탈 행동을 설명하는 한 방법 으로, 남들이 자신을 긍정적으로 생각해주면 그 기대에 부응하려 고 노력하지만, 부정적으로 평가해 낙인을 찍게 되면 부정적인 행 태를 보이게 되는 경향성을 말한다. 다른 말로 '낙인 효과'라고도 한다. 반대로 긍정적 기대를 받게 되면 긍정적 행태를 보이는 경 향성을 '피그말리온 효과Pygmalion effect'라고 한다.

사람 마음이라는 것이 대개 비슷하다. 인간이라면 누구나 자신 이 소중한 존재로서 자신이 속한 조직과 구성원들에게 인정받고 자 하는 욕구가 있다. 결과를 떠나 내가 상대방 또는 조직을 위해 최선을 다해 한 일에 대해 감사나 인정을 받지 못하면 누구라도 마음이 상할 수 있다. 철학자 헤겔은 그것을 '인정 투쟁'이라는 말 로 설명한다. 모든 사회적 갈등과 범죄의 심리적 원인은 인정의 욕구가 충족되지 않았을 때 생겨나는 투쟁의 결과라는 것이다.

자신이 조직 내에서 폭탄으로 불리고 있다는 사실을 알면서도 삐 뚤어진 말과 행동, 자세, 태도로 일관하며 불편한 상황을 만드는 사 람들의 심리는 무엇일까? 아마 세상의 모든 금쪽이가 진짜 원하는 것은 사람들이 색안경을 벗고 진짜 자신의 모습을 봐주고, "당신

참 괜찮은 사람이네요"라는 따뜻한 인정의 말 한마디일지도 모른다.

존중·배려 없는 말에
말리지 않고 중심 잡기

사람들이 '저 사람은 부딪히면 골치 아픈 사람'이라고 귀띔까지 해주는 데는 다 그만한 이유가 있다. 그동안 많은 구성원이 한 번쯤은 그 사람과 좋은 관계를 만들기 위해 색안경을 벗고 한 인간으로서 이해해보려고 노력했을 것이다. 하지만 구성원들의 그런 노력에도 불구하고 대화 도중 기분을 상하게 만드는 말들을 툭툭 내뱉어 조직 분위기를 엉망으로 만든 일이 여러 번 있었을 것이다. 존중과 배려가 없는 말, 심지어 잘해보자고 노력하는 사람에게 책임을 전가하거나 비난하는 말은 듣는 순간 그 사람을 이해해보려는 마음 자체가 싹 사라지게 만든다. '어차피 사람은 변하지 않는데 저런 형편없는 사람을 위해 나의 귀한 시간과 에너지를 허비했네.' 이런 후회가 밀려온다.

기분을 상하게 만드는 대표적인 말이 평가·판단의 말이다. 평가·판단이란 상대나 외부를 보면서 해석하는 자신만의 틀과 생각을 말한다. 자신만의 기준으로 상대의 말과 행동을 보면서 '옳다,

그르다, 좋다, 나쁘다, 맞다, 틀렸다'라고 해석하는 것을 뜻한다. 평가·판단의 말이란 예를 들어 '참, 편파적이네요', '왜 이렇게 책임감이 없어요?'와 같은 말이다. 여기서 편파적, 책임감이라는 단어가 평가·판단의 말임을 쉽게 눈치챌 수 있다.

평가·판단의 말을 들으면 사람들은 자신도 모르게 반응하게 된다. 평가·판단의 말을 듣고 반격하는 것을 뜻하는데, 일반적으로 이런 경우 우리는 '말렸다'라는 표현을 쓰기도 한다. 예를 들어 "참 편파적이네요"라는 말에 "제가 어디를 봐서 편파적이에요?", "왜 이렇게 책임감이 없어요?"라는 말에 "도대체 뭘 보고 저한테 책임감 운운하시는 거예요? 제가 보기에 당신이 더 책임감 없어 보이는데요"라고 감정을 가득 담아 발끈해서 말한다면 바로 상대의 말에 반응하고 말리게 된다.

문제는 평가·판단의 말에 반응하고 반격하면서 '맞다, 틀리다, 옳다, 그르다, 좋다, 나쁘다', 시시비비是是非非를 가리는 데 대부분의 에너지를 쓰게 된다. 시시비비를 가리느라 정작 상대가 왜 그런 말을 하게 되었는지 이유, 배경, 어떤 마음인지 물어보고 들어주고, 함께 해결하려는 마음의 여유는 사라지고 없다.

왜 사람들은 평가·판단의 말에 반응할까? 그것은 그 평가·판단의 말에 나를 비난하는 뉘앙스가 있기 때문이다. 그 사람과 좋은 관계를 만들기 위해 노력하다가 모든 노력이 물거품처럼 사라지는 이유는 나를 비난하는 상대방의 말에 수긍하면 상대는 맞고 나는 틀린 사람이 되기 때문이다. 틀린 사람이 되지 않기 위해 반응하는 순간 공감으로 듣기는 저 멀리 안드로메다로 사라져 버린다. 각자 자신의 입장에서 자신의 이야기만 한다. 듣는 사람은 없고, 말하는 두 사람만 존재하게 된다.

이때 '저 사람이랑 부딪히면 골치 아프다고 했는데… 사람들 말이 다 맞았어!'라고 생각한다면 좋은 관계를 만들기로 한 목적은 달성할 수 없다. '지금 저 사람은 상대를 존중하고 배려하면서 대화하는 방법을 잘 몰라서 자신이 아는 방법 중에서 가장 비극적인 방식으로 마음을 표현하고 있는 것이다'라고 생각하고, 관점을 바꿔 그 사람의 말을 들으려 노력한다면 단절보다는 연결로 나아갈 확률은 더 높아진다.

특히 의견 충돌로 인해 부정적 감정과 말을 쏟아내는 경우라면 더더욱 상대의 감정과 말에 반응하지 않고 차분하게 대화를 이어 나가야 한다. 내가 옳고, 상대가 틀렸다는 생각이 강하게 올라오는 상황에서 아무리 옳은 말, 바른말로 설명하고 설득하려고 해도 상대는 설득되지 않는다. 오히려 상대를 설득하려 하지 말고, 그 사람의 입장과 생각을 이해하고 공감해주면서 마음을 알아주면 자발적으로 설득당한다. 이것이 바로 '설득의 역설'이다.

마음을 열고
함께 일하기

좋은 의견에 '엄지척' 하기

분위기가 좋고, 성공하는 팀을 살펴보면 who가 아니라 what을 추구한다는 공통점이 있다. 일반적으로 관계 갈등으로 사람이 한번 싫어지면 그 사람이 좋은 의견, 아이디어를 내도 사람이 싫어 의견까지 반대하는 경우가 종종 있다. 하지만 성공하는 팀은 사람과 의견을 구분할 줄 안다. 또한 좋은 의견을 추구하기 위해 좋은 질문을 한다. 팀을 성공으로 이끄는 좋은 질문이란 "당신은 어떻게 생각합니까?"라고 물어봐주고, 성심성의껏 경청하며, 의견을 듣고 나서 "참 좋은 생각입니다"라고 '엄지척'으로 반응해주는 것이다.

세계적인 가수 BTS 멤버인 지민은 파도파도 나오는 훈훈한 미담의 주인공이다. 그 훈훈한 미담에는 공통적으로 지민의 '엄지척'이 있다. 지민은 함께하는 동료, 팬들에게 칭찬하고 격려할 일이 있으면 주저하지 않고 '엄지척'을 한다. 누군가를 향한 칭찬과 격려, 응원의 마음을 혼자서만 가지고 있는 것이 아니라 '엄지척'으로 많은 사람이 볼 수 있게 시각적으로, 적극적으로 표현한 점이 '멋진 행동을 하는 지민', '매너가 돋보이는 지민'이라는 이미지를 만들었다. 또한 지민의 이런 매너 있는 행동이 BTS 멤버들을 비롯한 다른 누군가의 매너 있는 행동을 이끌어내는 데 견인차 역할을 했다는 칭찬을 받았다.

사람은 밉더라도 좋은 의견을 말한다면 너그러운 마음으로 '엄지척'을 해주자. 내가 보여준 엄지척의 개수만큼 그 사람과 있는 공간의 온도가 따뜻하고 훈훈해질 것이다. 나아가 마음이 열리면서 함께 공동의 목적을 달성하기 위해 더욱 협조하고 행동하려는 마음이 싹트기 시작할 것이다.

'표현 뒤집기'로 긍정적인 의도를 찾아 표현하기

사람이 하는 모든 말 속에는 긍정적인 욕구, 다른 말로 긍정적 의도가 있다. 그리고 욕구를 알아주었을 때 마음의 문이 열리기 시작한다. 상대방이 긍정적인 표현을 하면 비교적 욕구를 파악하여 표현해주기 쉽다. 하지만 상대방이 부정적인 감정을 표출하고 부정적 단어를 사용하여 표현하면 욕구를 파악하기가 쉽지 않다.

부정적인 표현도 깊이 파고 들어가면 그 밑바닥에 긍정적인 욕구와 의도가 있다. 그것을 캐치하고 표현할 수 있는 방법이 있다. 바로 '표현 뒤집기'다. 예를 들어 "우리 팀은 서로 일을 미루고, 팀워크가 정말 엉망입니다", "제가 하는 일이긴 하지만, 당연히 해야 한다는 식의 태도와 말로 일을 넘길 때 정말 기분이 나쁩니다." 이런 말들은 겉으로 들으면 팀과 팀원들에 대해 불평불만을 하는 것처럼 들린다. 그러나 이 표현들을 이렇게 한번 뒤집어보자. "네, ○○님은 열심히 일하고 팀에 기여하고 있는 부분에 대해 구성원들이 알아주길 원하시는 거죠?", "아~ ○○님, 팀원들이 각자 맡은 일을 잘 해내고, 팀워크가 더욱 좋아지면 좋겠다는 말씀이시죠? 맞나요?"라고 말을 뒤집어보자. 이 말을 듣는 순간 '이 사람은 말이 좀 통하네', '이 사람은 내 마음을 알아주네' 이런 생각이 상대방의 커진 눈을 통해 드러난다.

상대방이 불평불만을 쏟아내고, 부정적 감정을 온몸으로 표출할 때 표현을 뒤집어 긍정적인 욕구와 의도를 찾아주자. 상대방의 마음을 얻으면 이후 함께하는 모든 과정이 순탄하게 흘러갈 가능성이 더욱 커진다.

간혹 사람들은 인간관계에서 상대방보다 똑똑해 보여야 한다고 착각한다. 상대방에게 신뢰를 얻기 위해 더 똑똑해야 한다고 생각하는 것이다. 하지만 실상은 그렇지 않다. 사람은 나를 기분 좋게 해주는 사람을 좋아하고, 함께하고 싶어 한다. 그리고 대개는 상대방이 나로 하여금 똑똑한 사람, 좋은 사람이라는 생각을 갖게 했을 때다. 결론적으로 인간관계를 좋게 하고 싶고, 좋은 평판을 듣고 싶다면 상대방이 나보다 더 똑똑하고 근사한 사람이라는 생각을 갖게 하는 것만큼 좋은 방법은 없다.

05 동료가 저를
대놓고 적대시해요

국내 최초 자폐인 변호사의 성장 스토리를 담은 ENA 드라마 〈이상한 변호사 우영우〉를 기억하는가?[3] 드라마를 보면 '권모술수 권민우'라는 캐릭터가 나온다. 극 중에서 우영우 주변에는 아버지를 비롯하여 우영우를 챙겨주고 진심으로 생각해주는 따뜻한 인물들이 많이 나온다. 친구 동그라미, 그의 애인이 된 동료 준호, '봄날의 햇살' 같은 동료 최수연, '오피스 파더'라는 별명을 얻은 상사 정명석이 대표적이다. 반면 권민우는 우영우를 깎아내려

---

3 에이스토리, 〈이상한 변호사 우영우〉(드라마, 2022년 6월 29일~2022년 8월 18일), ENA

서 자신을 더 돋보이게 만드는 술수를 쓰는 인물이다. 특히 같이 사건을 맡아 놓고 의뢰인을 만나기 직전까지 그 사실을 우영우에게 숨기고, 정확한 증거도 없이 익명 게시판에 우영우를 사내 낙하산으로 몰아 난처하게 만든다. 이런 그의 모습을 보고 시청자들은 그를 '권모술수 권민우'에서 '권고사직 권민우'로 바꿔 부르기도 했다.

얼마 전 경력직으로 이직한 김지연 씨에게도 '권모술수 권민우' 같은 동료가 생겼다. 처음 인사를 하는 자리에서부터 자신을 경계한다는 느낌을 받았는데, 함께 프로젝트를 하면서 그 느낌은 확신이 되었다. 프로젝트를 수행하기 위해 사전에 꼭 알아야 하는 업무 히스토리, 정보 등을 하나도 공유해주지 않으려고 했을 뿐 아니라, 김지연 씨가 업무상 작은 실수라도 하면 기다렸다는 듯이 사람들이 있는 자리에서 자신을 깎아내렸다. 뒤에서 김지연 씨에 대한 험담과 명예를 훼손하는 유언비어를 퍼뜨리고 다닌다는 이야기를 다른 동료를 통해 전해 들었다. 김지연 씨는 자신에 대해 잘 알지도 못하면서 이렇게 대놓고 자신을 적대시하는 동료를 어떻게 대해야 할지, 나아가 어떻게 함께 일해야 할지 고민이다.

'아웃 오브 안중'으로
일관하자

〈이상한 변호사 우영우〉에서 권모술수 권민우가 상사인 정명석에게 항의하는 장면이 있다. "이번에도 우영우 변호사에게 주의만 주시는 겁니까? 패널티 없어요?" 이에 참고 넘어가려던 상사 정명석은 "권민우 변호사 패널티 되게 좋아하네. 그래서 게시판에도 그런 글을 쓴 겁니까? 아니, 같이 일하다가 의견이 안 맞고 문제가 생기면 서로 얘기하고 풀고 해결을 해야죠! 매사 잘잘못 가려서 상 주고 벌주고, 난 그렇게 일 안 합니다"라고 말한다. 이 장면만 보아도 상사인 정명석에게 우영우는 동료이지만, 권민우에게 우영우는 동료가 아닌 경쟁자임을 쉽게 짐작할 수 있다.

우리 주변에는 권민우처럼 조직 내 다른 구성원을 동료가 아닌 경쟁자로 보는 왜곡된 가치관을 가진 사람을 종종 볼 수 있다. 그렇다면 그들은 왜 동료를 경쟁자로 인식하는 것일까? 해답은 상사인 정명석의 "매사 잘잘못 가려서 상 주고, 벌주고 난 그렇게 일안 합니다"라는 대사에서 찾아볼 수 있다. 이 대사에는 치열한 무한경쟁 시대에 수단과 방법을 가리지 않고 어떻게든 승리를 쟁취하려고 아등바등하는 사람들의 모습이 투영되어 있다. 이렇듯 직장 내 인간관계를 경쟁이라는 관점으로 바라보는 사람은 타인의 성공과 행복을 '나의 실패와 패배'로 여기게 된다.

　개인심리학의 창시자 알프레드 아들러Alfred Adler는 인간관계에서 '경쟁'이 있으면 승패를 의식하면서 필연적으로 생기는 것이 바로 열등감이라고 했다. 열등감은 자신에 대해 '나는 가치가 없는 사람이다. 이 정도밖에 안 되는 사람이다'라는 느낌의 가치 판단과 관련된 말이다. 내가 나를 어떻게 바라보느냐, 어떤 의미를 부여하느냐, 어떤 가치를 주느냐에 따른 주관적 해석이 만들어낸 주관적인 감정이라는 것이다.

　열등감은 누구에게나 있다. 예를 들어 학력에 열등감이 있는 사람이 그 열등감을 극복하고자 남보다 더 열심히 공부하고 노력하는 것은 열등감의 긍정적 작용이라고 할 수 있다. 이처럼 열등감을 해소하고 극복하기 위해 더 향상되고 이상적인 상태를 추구하는 행동은 성장의 촉진제가 된다.

　하지만 열등감 연장선상에 있는 열등 콤플렉스, 우월 콤플렉스는 다르다. 이 두 가지 콤플렉스는 심한 열등감에 괴로워하면서도 노력과 성장 같은 건전하고 건강한 수단과 방법을 이용해서 보완하려는 용기가 없는 것이다. 용기는 없는데 스스로 '못난 자신'의 모습을 받아들일 수 없어서 더 값싼 수단과 방법으로 보상받으려는 것이다. 대표적인 방법으로 자신이 권력자와 각별한 사이라는 것을 어필하거나, 경력을 속이거나 부풀리고, 자기 공을 자랑하고 뽐내고, 타인을 깎아내리면서 자신의 우월성을 드러내는 행동을 한다. 이런 행동들은 스스로 '나는 정신적으로 가난한 사람'임을 증명하는 행동이라고 할 수 있다. 결론적으로 나를 싫어하고 적대시하는 그 사람은 그저 '열등 콤플렉스, 우월 콤플렉스에 시달리는 정신적으로 가난한 인간'에 불과하다.

내가 무언가 잘못해서, 혹은 문제가 있어서 그 사람이 나를 싫어한다는 생각은 이제 버리자. 나를 싫어하는 것은 그의 문제이다. 관계와 업무를 분리하고 물리적 거리뿐 아니라 심리적으로 그 사람과 거리를 두면서 '아웃 오브 안중'으로 일관하자. 우리는 모두를 만족시킬 수 없다. 앞으로 이유 없이 나를 싫어하는 두 명을 내 사람으로 만들기 위해 감정과 에너지를 소모하지 말자. 그 시간에 나를 좋아해주는 두 명에게 집중하는 것이 행복한 직장생활로 가는 지름길이 될 것이다.

성공하는
기버가 되자

PART 2에서 말했던 팃포탯 전략은 한두 번 볼 사이가 아닌 장기적으로 상호작용을 해야 하고, 협력해야 하는 관계에서 시도했을 때 협력을 이끌어내기 더 좋은 전략이다. 팃포탯 전략의 시작이 먼저 협력의 마음으로 다가가는 것이지만, 사람에 따라서는 '왜 내가 먼저 협력의 자세를 취해야 하냐'며 내켜 하지 않을 수 있다.

《기브앤테이크》에서 애덤 그랜트는 성공한 사람들에게는 재능, 노력, 운, 그리고 타인과의 상호작용 이렇게 네 가지 공통점이 있다고 말한다.[4] 그리고 타인과 상호작용하는 방법에 따라서 '기버 Giver, 테이커Taker, 매처Macher'라는 세 가지 유형이 있다고 한다.

기버Giver는 타인과의 상호관계에서 자기가 받은 것보다 더 많은 것을 주는 사람이다. 주는 것에 대해 아까워하지도 않고 대가를 바라지 않는 사람이다. 반면 테이커Taker는 세상을 치열한 경쟁의 세계로 바라보고 적자생존의 원칙으로 살아가는 사람으로, 자신이 준 것보다 더 많이 받기를 바라는 사람이다. 마지막 매처 Macher는 공평함과 상부상조의 원칙을 가진 인물로 손해와 이익에 균형을 맞추는 데 애쓰는 사람이다.

이 세 가지 유형의 사람 중 가장 성공한 사람과 가장 실패한 사

---

4 애덤 그랜트, 《기브앤테이크》, 생각연구소, 2013

온보딩

람은 누구일까? 궁금할 것이다. 재미있게도 가장 성공한 사람도, 가장 실패한 사람도 기버라는 결과가 나왔다.

단지 성공한 기버와 실패한 기버의 차이는 분명했다. 실패한 기버는 자신의 이익을 중요시하지 않고 상대방에게 베풀기만 했다. 하지만 성공한 기버는 타인에게 받는 것보다 더 많이 주되 자신의 이익을 챙기는 데도 적극적이었다. 즉 성공한 기버는 '이기적인 이타주의자'라고 할 수 있다.

이유 없이 나를 싫어하는 사람까지 모든 사람과 다 잘 지낼 필요는 없다. 하지만 나를 적대시하는 사람과 장기간 함께 협력하여 성과를 내야 하는 상황에 놓여 있다면 빠르게 관계와 업무를 분리하자. '이기적인 이타주의자', 성공한 기버, 최종 승자는 당신이 될 것이다.

소프트랜딩 성공 노하우 전수: 관계

프로이직러 K 부장 :
이직은 실속 있게 딱 3번, 종착지 도착

중국어에는 우리라는 표현이 두 개 있는 거 아세요? 듣는 사람까지 포함하는 우리咱们가 있고, 듣는 사람은 뺀 우리我们가 있어요. "아직 우리 회사를 잘 몰라서 그러는데…" 이 말이 전자로 들렸을까요, 후자로 들렸을까요? 6개월이나 지났는데도 이런 말을 듣고 있자니 텃새 참 길게 간다 싶더라고요. 내포하는 의미가 뭐겠어요? 너 여전히 찐따 같다는 거죠! 혼자 씩씩거리다 찐따 특징을 찾아보는데, 괜히 다 맞는 것 같아서 자존감이 급 다운됐죠.

그런데 별수 있나요? 목마른 사람이 우물 판다고 관계를 우연에 의존하게 두어서는 안 되겠다는 생각이 번뜩 들었습니다. 무작위 네트워킹이 아니라 타깃팅 네트워킹을 시작해야겠다고 마음먹었어요. 우리 어쩌고 했던 사람부터 버렸습니다. 쭉정이한테 에너지를 낭비하기 싫었거든요. 사회 초년생 때는 엄두도 못 낼 일인데, 연차가 쌓이니까 되더라고요. 그사이 노련해진 거죠!

노련해졌다고 자평할 수 있는 포인트가 하나 더 있어요. 이전에 A 그룹은 나와 인간적으로 코드가 잘 맞는 사람이었다면 지금은 기준이 전혀 다르죠. 요즘 A 그룹은 의사결정의 키맨, 긴밀하게 협업해야 할 타부서 사람, 다이렉트 보스 등이죠. 내 일에 성과를 내는 데 직접적인 영향을 미치는 사람들인 겁니다. 어느 강의에서 강사가 그러더라고요. '회사는 동아리와 다르다. 친해지려고 애쓰지 마라. 의미 없다.' 생각해보니 100% 맞는 말인 거죠! 이때부터 질척거리는 관계가 매우 심플해졌어요. 스트레스의 주범이었는데, 한결 가벼워지더라고요. 극소수만 A 그룹에 두고 코드 따지거나 감정 앞세우는 등의 어리석은 짓은 더 이상 하지 않아요. 그냥 그분들과 일을 합니다. 어색하다고 망설이지 않고, 불편하다고 우회하지도 않아요.

이어서 B 그룹은 직무에 베테랑인 분, 하이퍼포머로 요즘 각광받는 분, 입사 연차가 오래되어 회사에 빠삭하신 분 등으로 그룹핑해요. 정작 실무는 이분들에게 도움을 받아야 하기 때문에 절대 소홀히 하지 않습니다. 그래야 이분들이 기꺼이 시간을 내어주거든요. 서로 계산이 사라지는 순간이 오면 그땐 관계의 힘을 제대로 받을 수 있죠. 회사가 동아리는 아니건 맞지만 다 사람이 하는 일이다 보니 안 될 일도 되게 하려면 돈독한 지원 그룹이 필요한 건 사실이에요.

그렇다면 C 그룹은 누구냐? 찐친입니다. 회사에서도 얼마든지 솔메이트를 만들 수 있다고 믿기 때문에 업무 외적으로 호기심이 가는 어떻게 보면 그냥 좋은 사람입니다. 어쩌다 보니 지금 회사에서 찐친은 띠동갑인데, 일하다가 그래도 한 번씩 웃는 건 다 그 친구 덕분이죠. A 그룹과는 명확하게, B 그룹에게는 성심성의껏, C 그룹과는 유쾌하게 지내다 보면 강약이 있는 연결고리가 탄탄하게 받쳐줄 겁니다. 더 이상 우리 회사 어쩌고 하는 사람들한테 휘둘리지 마세요!

프로이직러 L 차장:
무조건 5년은 채우고 움직인다

신입사원 때부터 들여온 습관이 있습니다. 출근 시간보다 무조건 30분 일찍 옵니다. 출근하면서 인사하는 게 어색해서 먼저 앉아 있자 싶어서 시작한 건데, 이직해보니 또 다른 장점이 있어요. 첫 회사에도 마찬가지였지만 일찍 출근하는 그룹들이 있다는 거

온보딩

죠. 담배 피우는 그룹들이 흡연실에서 가까워지듯, 얼리버드 스타일들도 그들만의 네트워크가 빠르게 형성되는 편입니다. 업무가 정식으로 시작되지 않는 시간대니 편하게 티타임을 가지면서 업무와 사적인 영역을 오가는 스몰 토크가 이뤄집니다. 그 덕분에 회사 정황 파악도 빠르게 할 수 있었고, 누구에게 질문하기 애매할 때 채널로 활용하기도 합니다. 무엇보다 좋은 건 부서별로 한 명씩 있다 보니 비즈니스가 어떻게 돌아가는지 파악하기 매우 용이했어요. 그 팀은 어떻게 일이 돌아가는지, 우리 부서에게 느끼는 애로 사항은 무엇인지, 굉장히 까칠해 보이는 그분은 어떤 걸 조심하면 될지 등 요긴한 정보들을 순식간에 얻을 수 있었죠. 타부서 일까지 알아야 성공 확률이 올라간다고 생각하는데, 아침 30분은 저에게는 꿀인 거죠!

얼리버드 멤버 중에 팀장님도 계셨어요. 일주일 지날 무렵에 원온원 신청을 했어요. 다른 사람이랑 아무리 잘 지내도 팀장님이랑 꼬이면 버티기 힘들거든요. 아침 티타임이라 가볍게 시작했다가 준비해간 걸 물었어요. '저에게 어떤 걸 기대하시냐?' 파고드니까 크고 작게 열다섯 가지 정도 되더라고요. 자리에 돌아와서 바로 이메일로 작성해 보내드렸어요. 그러면서 우선순위를 물었더니 회신이 왔고, 저는 예상 데드라인을 기입해 다시 한번 전송해 드렸습니다. 그 이후 뽀개기에 들어갔고, 지금은 딱 2개 남은 상태입니다. 팀장님이 처음이라며 참 기특해하고, 고맙다고 하시더라고요. 어떤 의미인가 했는데, 팀장님 입장에서도 경력직이 들어오면 온보딩하는 데 시간을 써야 해서 이중으로 부담인데 스스로 온보딩해줘서 고맙다는 거죠!

또 하나 모두 하는 게 있죠. 점심 먹기! 이게 진짜 도움이 되는데, 이번 회사처럼 자율 출퇴근제일 때는 생각보다 시간 맞추기도 어렵더라고요. 그래서 저는 젤리통을 준비했어요. 밥 한 번씩 먹으려면 너무 오래 걸려요. 그래서 그냥 젤리통 하나 들고 가볍게 접근합니다. 굉장히 소소한 질문이나 인사를 하고 오는 것 정도를 먼저 하는 거예요. 호불호가 없는 아이템이기도 해서 그런지 간식으로 꽤 인기가 좋아요. 이렇게 하면 인풋 대비 아웃풋도 큰 편이고, 일단 얼굴을 한번 텄기 때문에 훨씬 편해져요. 점심 먹기까지 텀이 생겨도 버틸 만한 거죠. 저만의 꿀팁이니 참고하세요!

온보딩

PART 4

불만족

◆

주어지는 일이
매우 만족스럽지 못할 때

"사실 성공하는 방법 같은 건
누구나 다 알고 있는 거거든요.
그냥 미친 듯이 파이팅하면 돼요.
그게 귀찮은 거지···."
— 드라마, 〈이태원 클라쓰〉 —

기다렸다는 듯이
일을 막 던집니다

피터 드러커의 젊은 시절 일화다. 런던에서 규모가 큰 보험회사에서 증권분석사로 1년간 일하다가 규모는 작지만 빠르게 성장하고 있던 개인은행의 경제분석가 겸 3명의 시니어 파트너의 수석비서로 근무하게 되었다. 3개월이 지났을 무렵 창업자가 피터 드러커를 자신의 사무실로 불렀다. 그리고 다음과 같이 말했다.

"자네가 이 회사에 입사할 때 난 자네를 눈여겨보지 않았네. 그점은 지금도 마찬가지네. 그런데 자네는 내가 생각한 것보다 훨씬 더 어리석군. 그뿐만 아니라 자네는 보통 이상으로 어리석군." 드러커는 젊은 두 동업자들로부터 날마다 어리둥절할 정도로 칭찬을 받았던 터라 창업자의 갑작스러운 비난에 정신을 차릴 수가 없을 만큼 당혹했다. 그는 이어서 다음과 같이 말했다.

"나는 자네가 보험회사의 증권분석가로서는 일을 썩 잘했다는 것을 알고 있네. 그러나 만약 자네가 증권분석 업무를 계속하길 바랐다면 우리는 자네를 이리로 데려오지 않고 원래 있던 자리에 그냥 두었겠지. 그런데 지금 자네는 시니어 파트너들의 수석비서이지만 여전히 증권분석가 시절에 하던 것처럼 일하고 있더군. '지금' 자네가 무엇을 해야 하는지 생각해보게. 다시 말해, 자네의 '새로운' 직무에서 효과적인 사람이 되려면 무엇을 해야 하는지 생각해보게."

피터 드러커는 정말 무능력해졌던 것일까 후에 피터 드러커는 정말 해야 할 일을 놔두고 다른 일을 했기 때문에 이러한 평가를 받았다고 이야기한다.

새로운 회사에 합류하게 되었다는 건 결과적으로 기존에 하던 일과 다른 일을 시작하게 된다는 의미이다. 단순히 업무에 국한된 이야기가 아니다. 비록 경력직으로 같은 직무라 할지라도 새로운 환경에서 다시 시작해야 한다는 것에는 다른 점이 없다. 다른 환경과 다른 사람들, 다른 조직문화와 다른 규칙들에 적응해야 하는 'A whole new world'로의 변화를 의미하기 때문이다.

온보딩

새로운 일을 맡은 지금, 당신이 효과적인 사람이 되기 위해서는 무엇을 할 필요가 있는가?

침묵의 시간

첫 출근과 함께 아무것도 할 일이 없어서 혼자 섬처럼 떨어진 상태에 놓이게 되는 시간을 누구나 경험하게 된다. 다른 사람들은 모두 바쁜데 혼자만 할 일이 없는 느낌이다. 당연하다. 아직 고유 업무가 없기 때문이다. 그러나 이 시간은 아주 잠깐이다. 곧 이 시간들이 그리워질지도 모른다. 왜냐하면 금세 많은 일이 폭포수같이 쏟아질 것이기 때문이다. 신규 입사해서 일을 배치받았을 때 일의 유형을 세 가지로 구분할 수 있다.

첫째, 어려운 일이다

당신이 만약 경력직이라면, 게다가 좋은 배경을 갖고 입사했다면, 당신의 팀은 당신에게 어려운 일을 주고 당신의 능력을 테스트할 것이다. 이때 당신이 이 일을 잘 처리한다면 당신의 능력을 빠르게 인정받는 기회가 될 수 있다.

아직 적응 기간이라 시간이 필요하다는 핑계가 더 이상 통하지 않을 때, 어려운 업무를 준다면 당신에게 조력할 수 있는 사람을 구하는 것도 방법이 될 수 있다. 업무는 혼자만의 일로 끝나지 않기에 타당한 요구를 통해 조력자와 함께 처리하는 것이 좋다. 무엇보다 중요한 것은 다른 여러 가지 일 중에 이 어렵다고 생각하는 일을 확실히 처리했으면 좋겠다. 아직 회사는 당신에 대해 잘 알지 못한다. 당신의 능력을 확실하게 보여줄 수 있는 것이 바로 이 어려운 일이기 때문이다. 빠르게 당신의 포지션을 확보하기 위해서 힘들겠지만 반드시 해야만 하는 일로 추천한다.

둘째, 귀찮은 일이다

단순히 업무량이 많은 일이 있다. 흔히 손이 많이 간다고 하는 일이다. 나에게만 일이 몰리고 있는 듯한 느낌을 받을 때, '혼자만 야근해야 하나'라는 생각이 들 때 업무를 바라보면 이런 일들이 주를 이룰 때가 있다. 꼭 필요해서 누군가 해야 하지만 귀찮은 일로 단순 반복 작업이나 기초자료에 대해 준비하는 일을 말한다. 귀찮긴 하지만 적응 기간이라면 우선 적극적으로 처리하자. 보다 빠르게 우리 팀이 진행하는 일을 파악할 수 있는 기회가 될 수 있다. 물론 '내가 이런 것까지 해야 하나?' 싶을 수도 있다. 하지만 업무의 기본 작업을 함께하는 것으로 충분히 당신의 역량을 펼칠 수 있는 한 방을 위한 사전작업이 될 것이다.

셋째, 일 같지도 않은 일이다

흔히 잡무라고 하는 일들이 있다. 당신은 아직 조직 적응 기간 중이고 조직의 업무를 파악하기 위해서 분위기를 익히는 시간이라고 생각하면 좋겠다. 물론 그 일들이 지속된다면 당신이 능력을 인정받을 수 있는 시기를 놓칠 수 있으므로 적응이 완료되었다는 생각이 들면 적극적으로 새로운 업무 배정을 어필할 필요가 있다.

사람이 꼭 하고 싶은 일, 중요한 일만 할 수는 없다. 하지만 내게 주어진 일들이 어떤 종류의 일들인지는 파악해볼 필요가 있다. 과연 이 일이 내 일이 맞는지, 적어도 나의 능력을 인정받을 수 있는 기회가 될 수 있는지 파악해야 한다. 하지만 밀려드는 일 더미 속에서 이것들을 골라내기란 여간 어려운 일이 아니다. 나에게 주어진 업무가 없어서 힘든 시간을 보내다가 단순한 업무를 준다면 그것을 골라서 받기도 어려운 것이 사실이다. 하지만 당신은 조직의 일원으로서 당신의 일과 그 일을 해야 하는 의미에 대해서 정확히 파악할 필요가 있다.

좋은 거절은
없다

자, 이제 당신은 해야 할 일과 하지 않아도 될 일을 결정했다. 인간관계에 대한 고민도 있을 것이고, '이렇게 해도 되나?'라는 의구심도 있을 것이다. 어찌 되었든 이제 결정에 따른 행동을 해야 할 때이다. 하지 않아도 될 업무에 대한 '거절'이 필요하다. '거절'은 커뮤니케이션 중에서도 난이도가 높은 스킬에 속한다. 내 의견이나 의사에 반하는 이야기를 듣는다는 것은 누구에게나 유쾌한 일이 아니고, 말하는 입장 역시 상대방과 얼굴을 붉히게 되는 상황을 피하고 싶은 것이 인지상정이기 때문이다.

하지만 현 상황에서 거절의 불편함 때문에 업무를 억지로 받아들이면 동기부여 및 업무 능률의 저하로 이어질 수 있다. '내가 고작 이런 일을 하려고 이 회사에 있는 줄 알아?'라는 방어적인 태도가 아닌, 조직의 성과를 위해서 더욱 중요한 일을 할 수 있는 자원이라는 것을 어필해야 한다. '나는 이렇게 중요한 사람인데, 왜 이런 일만 주시나요?'라는 말은 사회에서 통용될 수 없다. 당신이 회사의 중요한 자원이라는 것을 업무를 통해 입증해야 한다. 확신이 섰다면, 내 일과 그렇지 않은 일에 대한 단호한 거절이 필요하다.

02 눈치껏 하라는데, 뭔지 모르겠어요

신규 입사자의 직장 생활은 눈치로 시작해서 눈치로 끝나는 경우가 많다. '어떤 일을 먼저 해야 할지, 이렇게 하는 게 맞는지, 과연 이 일은 언제까지 하면 되는 건지'라는 고민 앞에 들려오는 말은 제발 알아서 눈치껏 좀 하라는 거다. 아직은 낯선 업무 환경에 적응해야 하는 상황에서는 매우 난감하고 어려운 말이다. 이 시기를 어떻게 말할 수 있을까? 바로 '눈치력이 필요한 시기'라고 할 수 있다. 눈치라는 말을 국어사전에서 찾아보니 '남의 마음을 그때그때 상황으로 미루어 알아내는 것'이다. 보통 '눈치가 없다', '눈치를 채다'와 같이 말한다. 대놓고 표현해도 알아내기 어려운 게 사람 마음인데 그때그때 상황에 맞춰 읽어내야 하니 쉽지 않은 일임은 분명하다.

신규 입사자가 일머리 문해력을 높이기 위해 필요한 세 가지 눈치력을 짚어보자.

확인하는 눈치:
무소의 뿔처럼 혼자 가지 마라

알잘딱깔센(알아서, 잘, 딱, 깔끔하고, 센스 있게)한 사람처럼 업무와 관련한 이슈를 빠르게 해결하고 처리하고 싶지만 하나부터 열까지 조심스럽고 확신이 없다. 특히 요즘은 사수 없이 혼자 일하는 주니어가 많이 존재한다. 하소연을 들어보면 개인적으로 가장 힘들었던 게 일을 가르쳐주는 사람이 없다는 불만이다. 물어볼 사람이 마땅치 않고 돌아올 대답도 뻔하다고 생각하니 스스로 해결하려 한다. 상사나 선배가 업무를 구체적이고 명확하게 주면 좋겠지만, 허황된 꿈일 때가 많다. 때로는 모호하게 때로는 지나가는 말처럼 지시해놓고 얼마 지나지 않아 "다했나요?"라고 묻는다. 황당하고 답답하다.

상황을 바꾸는 열쇠는 혼자서 고민하기보다 그 업무를 명확하

온보딩

게 설명해줄 수 있는 사람을 찾는 일이다. 절대 혼자 일하는 것에 익숙해지지 말아야 한다. 누군가가 알아서 일일이 다 알려주고 정해주기만을 기다려서는 안 된다. 동료와 선후배들에게도 적극적으로 SOS를 보내야 한다.

지나가는 말이라도 그냥 지나치지 말고 묻고 또 물어야 한다. 일은 혼자만 할 수 없기에 사무실에는 우리가 끌어올 수 있는 여러 형태의 지원이 존재한다. 무턱대고 업무 속으로 돌진하기 전에 주변을 한 번만 둘러보아도 업무 시간을 크게 단축할 수 있다.

하나 더, '다했나요?'라는 말을 듣기 전에 먼저 진행 상황을 알리자. 반드시 공식 보고일 필요는 없다. 밥 먹으면서, 커피 마시면서 불쑥 찾아가 알리고 물어보시라. 일은 만족시켜야 하는 사람이 존재하기 마련이다. 그 사람의 시각에 맞춰 생각하고 업무를 해야 한다. 일하면서 눈치가 있다는 말은 상대방의 요구를 잘 맞춘다는 의미다. 업무를 요청한 사람은 기다리는 시간이 불안하다. 수시로 물어보고 확인해야 한다.

예측하는 눈치:
뒤끝을 예측해라

'트리아지Triage'라는 말을 들어보았는가? 본래 프랑스어로 '선별'을 의미하는데 응급상황 시 치료의 우선순위를 정하기 위한 환자 분류 체계를 말한다. 트리아지가 필요한 이유는 전쟁이나 대형 재해, 각종 사고로 인해 응급 환자가 급증할 때 의료진과 장비가 한정돼 있어 모든 환자를 치료하는 데 한계가 있을 수밖에 없다. 분류를 잘못하면 구조할 수 있었던 환자도 치료받지 못하고 사망하게 될 수 있다. 트리자이는 의사들에게는 순간적으로 판단 및 분류하고 빠르게 결정할 수 있도록 돕는 지침이다. 결과적으로 많은 환자가 필요한 치료를 받을 수 있도록 도와준다.

회사는 매뉴얼, 절차에 따라 일을 수행할 수 있도록 시스템을 구축하는 데 많은 투자를 한다. 직원들이 각자 제멋대로 일을 한다면 오합지졸이 될 게 뻔하다. 그래서 매번 일할 때마다 뒤죽박죽 임기응변식으로 하게끔 가만히 내버려두지 않는다. 일을 잘하기 위해서는 구분과 절차에 따라 선별하여 수행해야 한다. 그래야 업무 비효율을 줄이고 원하는 결과물을 얻을 수 있다. 눈치껏 일하려면 분명한 목표를 가지고 업무 결과를 예측하고 이슈와 우선

온보딩

순위를 파악해야 한다. 아울러 가용할 수 있는 자원과 제약 조건도 파악해보라. 신규 입사자의 고단함은 잘 모르는 업무 프로세스와 기준에서 온다고 해도 과언이 아니다.

시도하는 눈치:
맨땅에 헤딩도 센스 있게

맨땅에 헤딩하라고 하면 무모하고 피해야 하는 느낌이 강하다. 일단 아프니까 말이다. 낯설고 잘 모르는 일만큼 직장인을 초라하고 위축하게 만드는 것도 없다. 업무에서 실수하고 나면 주눅이 들고 자신감이 낮아지게 마련이다. 마치지 못하거나 완성하지 못한 일을 쉽게 마음속에서 지우지 못하는 현상을 자이가르닉 효과 Zeigarnik effect라고 한다. 즉 어떤 일에 집중할 때 끝마치지 못하고 중간에 그만두게 되면 이 문제가 해결되지 않는 한 긴장 상태가 이어지고, 그러다 보면 머릿속에 오랫동안 남아 있게 된다는 이론이다.

회사 일이라는 게 꽃길만 걸을 수는 없지 않은가? 업무를 하다 보면 잘 해내고 싶은 마음이 굴뚝 같을 수 있다. 하지만 생각과 의지만으로 좋은 결과를 얻기 어렵다. 실수하지 않는 것도 중요하지만 실수했을 때 대처가 더 중요하다. 많은 기업이 직원들의 실수나 실패를 용인하는 일하는 방식과 조직문화를 만들려고 한다. 실패하는 게 두려워 새로운 도전이나 시도조차 하지 않는 분위기를 더 경계하기 때문이다.

컬럼비아대학 심리학과 리사 손 교수는 실수하고 학습하는 것을 부끄럽게 생각해서는 안 된다면서 호기심, 자신감, 용기를 가지고 노력하는 자세가 바로 메타인지가 발달하는 과정이라고 했다. 때로는 맨땅에 헤딩해야 하는 불편한 상황이나 현실이 나를 더 단단해지게 할 수 있다. 새로운 환경에서 무엇이라도 시도해보는 위치에 스스로를 노출하고 만끽할 것을 추천한다.

03 타 팀에서 업무 요청을 받았습니다. 당장 내일까지 달라는데요?

"제가 아직 3개월도 안 되어서요. 아직 다 파악을 못하고 있습니다…."

"그래서요? 내일까지 필요한 거니까 부탁드려요."

안타깝게도 상대방은 내가 몇 개월 차인지 전혀 셈하지 않는다. 한두 달만 지나도 이젠 업무 파악이 됐겠지 하며 냉혹하게 밀어붙인다.

이전 회사, 학교에서 아무리 최우수 평가를 받았다 한들 새로운 조직에 들어오면 다시 시작이다. 누구라도 들어오자마자 모든 것을 파악하고 바로 잘 해내긴 힘들다. 하지만 조직은 일에 있어 참

을성이 없다. 바로 잘해주길 기대한다. 근래 온보딩의 중요성이 강조되고 있지만 그것도 들여다보면 빨리 적응해서 바로 보여달라는 거다. 시간이 지나면 익숙해질 일이고, 그들보다 더 잘한다는 말을 들을 수 있겠지만 그전까지 잘 버텨야 한다. 시작부터 '일 좀 하는 사람'으로 각인이 되어야 상대방의 태도도 격이 있을 것이고, 내 요청에 긴장감을 갖고 응할 것이다. 척하라고? 불편하게 들릴 수 있다. 하지만 사람은 단순하다. 상대에 대해 어떤 평가를 하면 그 평가에 맞는 대우를 한다.

심리학에서 자주 언급되는 용어 중 '초두 효과'라는 것이 있다. 처음 제시된 정보 또는 인상이 나중에 제시된 정보보다 기억에 더 큰 영향을 끼치는 현상을 말한다. '지금 조금 어설퍼 보여도 나중에 잘하면 다 알겠지'라는 안일한 생각이다. 초기에 생성된 '일 좀 하는 사람'이라는 인식은 뒷심을 발휘하는 데 큰 도움이 될 것이다. 그렇다면 어떻게 '일 좀 하는 사람'으로 보일 수 있을까?

일단 스피드다!

회사 업무는 스피드가 중요할까, 완성도가 중요할까?

온보딩

물론 정답은 '빠르고 완벽한 일 처리'이겠지만 우리는 신규 입사자다. 모르는 것투성이다. 어떻게 완벽할 수 있겠는가? 나름 완벽하게 처리해서 가져가 봐야 미흡해 보일 가능성이 크다. 내가 아는 선에선 맞을지라도 또 다른 정보와 히스토리가 등장하면서 이럴 땐 A가 아니라 B로 했어야 한다는 이야기를 들을 가능성이 크다. 진즉 가르쳐줬으면 싶지만, 한꺼번에 알려줄 수도 없고, 정보를 보았다고 해도 그 맥락까지 이해하기엔 아직 배경 지식이 부족했을 것이다. 처음이다 보니 잘 해내는 걸 보여주고 싶겠지만 아직은 승률이 낮다. 그래서 완성도보다는 스피드로 승부를 보는 편이 낫다. 최소한 '빠릿빠릿하다'라는 소리를 들을 수 있다면 '일 좀 하는 것'처럼 보인다. 퀄리티에 목숨 걸고 함흥차사인 것보다 백 배 낫다.

그런데 속도감 있게 일하려고 해도 뭘 좀 알아야 하지 않겠나? 습득엔 시간이 걸리기 때문에 필요한 부분을 빠르게 캐치해야 하는데, 그러려면 완성작이 아니라 습작에 상사와 동료를 참여시켜야 한다. '제가 이 정도 해냈어요! 짠~' 해봐야 늘 낙제이겠지만 '이 정도 하면 될까요?'를 빠르게 자주 보여주다 보면 헤맬 필요 없이 합격이다.

뭐라도 보여줘야 할 것 같아 차일피일 시간 끌기보다는 "팀장님, 일단 이렇게 업무 처리하고 있는데 제가 맞게 한 건지, 혹시 고칠 부분은 없는지 좀 봐주세요. 의견 주시면 반영해서 최종 정리하겠습니다" 하는 편이 훨씬 낫다. 신규 입사자가 보여줘야 할 스피드는 결과에 대한 스피드가 아닌 과정에 대한 스피드이니 편한 마음으로 공유하고 물으면 된다. 최악은 '일도 못 하면서 느려터졌다'는 것이다. 느려터지면 뭘 가져다줘도 일도 못 하는 것처럼 보이니, 일단 스피드 먼저 잡고 완성도를 갖춰 가자.

구체적으로 말하라

일을 못 하는 사람과 일하기 제일 힘든 이유는 그들은 제대로 상대방 말을 듣지 않고, 본인 말도 구체적으로 하지 않는다는 점이다. 내가 보낸 메일을 보긴 했는지 물어본 내용에 대한 답이 없어 기다리다 전화를 해야 그제야 '아차' 하고 찾아보는 식이다. 제대로 보지도 듣지도 않으니 놓치는 일도 많다. 그리고 본인의 일은 "어디까지 어떻게 진행 중이니 언제까지 마무리하겠다"라는 식으로 피드백을 구체적이고 명확하게 주어야 동료들이 일의 진행 방향에 의문을 갖지 않는다. 혹시 "일단 알겠습니다", "다시 하겠습니다" 등 이런 모호한 말을 자주 쓰고 있지는 않은가?

온보딩

몇 가지 상황별로 보자. 회의가 끝났다. 어떻게 해야 할까? 회의엔 늘 안건이 있고, 이후 어떻게 하자는 합의로 마무리될 때가 많다. 간략한 회의 요약글을 작성해서 전체 회신하는 것을 추천한다. 부담 느낄 것 없다. 간략해도 된다. 간략할수록 핵심을 잘 이해한 것으로 보이기도 하니까. 하지만 이후 액션에 대해서는 구체적으로 기록해야 한다. 특히 내가 할 부분은 이것으로 이해했다를 정확히 명시하는 것이 좋다.

다음 메일을 받았을 때다. 앞에서 스피드가 더 먼저라고 했으니 일단 답장은 무조건 빨리한다. 정보 공유 메일이라고 "확인했습니다. 감사합니다"라는 한 줄 회신이라도 즉각 하는 것이다. 이렇게 하는 사람이 생각보다 적기 때문에, 일 좀 하는 사람으로 보이는 것은 생각보다 어렵지 않다. 여기에 구체적인 회신을 덧붙여보자.

"인력 충원 판단을 하기 위해 다음 분기 예상 매출 파악이 빠르게 필요하다는 거군요. 7~9월 월별 매출을 확정과 논의 중으로 구분하여 월요일 오전 10시까지 전달해 드리겠습니다."

'알겠습니다. 회신 드리겠습니다'라는 회신과는 사뭇 다르지 않은가? 정확하게 회신했으니 원하는 게 아니라고 하면 바로 구체적인 요청도 받아 헛일할 가능성도 줄어들 것이다.

마지막 한 장면만 더 보자. 면담 자리다. 면담 자리에서는 주로 일이 어떻게 되어 가는지, 앞으로 어떻게 할 건지 계획들을 나누게 될 때가 많다. 에둘러 가도 결국 그 얘기다. 그럴 때는 숫자로 말해라. 구체적인 표현 중에 가장 강력한 것은 숫자다. '대략 100억 원 정도 될 겁니다' 하는 것과 '현재 97억 8,000만 원 잡혀 있습니다' 하는 것과는 천지차이다. '올해는 신규 고객 창출에 신경 써보고자 합니다' 하는 것과 '올해는 신규 고객을 통해 발생하는 매출이 전체 매출의 50% 이상이 되게 하는 게 목표입니다. 이를 위해…'라고 할 때 신뢰감이 상승한다. 듣는 순간, 일 좀 할 것 같지 않은가?

말을 잘하는 사람들을 관찰하다 보면 '그 이유에 대해서 세 가지로 말씀드리겠습니다' 이런 식의 표현을 자주 한다. 괜히 각이 있어 보인다. 대화에 숫자 몇 번 섞어 쓰면 우리도 이런 효과를 볼 수 있다. 쉬워 보이지만 이렇게 하려면 꽤 구체적으로 업무를 파악해야 할 것이다.

선빵하라

선제공격하라는 것이다. 별거 아닌 것들이 먼저 했을 때 묘한 파워를 갖는다. 어떤 의미일까? 약속한 마감일이 내일이라고 했을 때 그냥 때 되면 주겠지 하고 기다리지 말고 리마인드 메일을 한 통 보내는 것이다. 매번 쪼아대는 거야 문제가 되겠지만 이런 약간의 쪼임을 먼저 하게 됨으로써 허투루 일하는 사람이 아니라는 이미지를 줄 수 있다. 업무관리를 꽤 잘하는 사람이니 민폐가 되지 않기 위해 상대가 분발하게 된다. 우리도 어떤 사람이 요청하느냐에 따라 빠릿함과 퀄리티, 무게감에 차이가 있지 않은가? 이미지도 얻고 적절한 긴장감도 갖게 했으니 일석이조인 셈이다.

04 툭하면 그렇게 일하는 게 아니라고 합니다

"이건 이렇게 처리하셔야 할 것 같습니다"

"이거 좀 찾아보시고 하신 건가요?"

"아니에요. 주세요. 제가 다시 할게요."

최근 허경민 팀장은 고민이 많다. 경력직으로 이직한 만큼 대부분의 일은 해오던 일들이고, 회사의 시스템 차이로 생기는 업무 공백은 금방 적응해서 처리해낼 수 있을 것이라고 생각했다. 그런데 요즘은 '이게 맞는 건가?'라는 생각이 들기 시작했다. 동료들과 부하직원으로부터 오는 피드백이 나의 잘못을 탓하는 것만 같다.

이걸 이렇게 처리하면 그게 아니라고 하고, 저렇게 처리하면 또 그게 아니라고 말하는 동료들을 보면서 이것이 텃세인가 심각하게 고민할 때도 있다.

이직자는 모든 것이 낯설다. 어쩔 수 없다. 비록 할 수 있는 일이라도 그 과정상에서 전혀 다른 곳에서 적응해야 하는 만큼 때로는 낯선 업무에 부닥치고 헤매기도 한다. 당연히 주변에서 들려오는 피드백도 만족스럽지 못하다. 툭하면 그렇게 일하는 것이 아니라고 한다. 매뉴얼대로 하면 좋겠지만 모든 일에 매뉴얼이 있는 것은 아니다. 그리고 모든 일이 그렇듯 혼자서만 할 수 있는 것도 아니다. 내가 기존에 일하던 방식과 차이가 있을 수밖에 없고 그것들을 한 번에 익히기도 쉽지 않다.

세계 최고의 스트라이커도 구단을 옮겼을 때에는 바로 전력으로 투입되지 않는다. 그 팀이 활동하는 방식에 대한 이해가 필요하기 때문이다. 감독의 전술과 스타일에 대해 적응하고 동료들과 합을 맞춰 가는 과정도 반드시 필요하다. 말하자면 당신은 지금 갓 이적한 프로 축구선수 같은 존재라고 볼 수 있다. 그렇기에 이 회사의 방식과 나의 새로운 상사에 대한 이해와 동료들의 협조, 그리고 본인 스스로가 적극적으로 적응하기 위한 시간이 필요한 것이다.

왜 나에게
들이댈까?

"확실합니까? 최선이에요?"

오래전 화제가 되었던 드라마의 한 장면에서 자주 등장하던 대사로 백화점 CEO인 남자 주인공이 부하직원에게 종종 하던 피드백이다. 이 말을 내가 들었다면? 유쾌한가? 적절한 대안을 제시했는가? 정확한 피드백인가? 잘했다는 것인가? 잘못되었다는 것인가? 등등 수많은 생각이 꼬리를 물고 오게 마련이다. 물론 드라마에서는 부하직원에게 마치 선문답처럼 질문함으로써 스스로 답을 찾아서 최선의 답을 다시 찾아오는 긍정적 효과가 있는 말이었지만, 과연 현실이라면 어땠을까?

사람들은 내가 하는 일에는 관대하지만 타인의 일에는 그렇지 못한 경우가 많다. 몇 해 전인가 한 프로 축구선수가 경기 중 야유를 퍼붓는 관중에게 "그럼 네가 와서 뛰어보든가"라는 언쟁으로 파문을 일으킨 적이 있다. 국가대표로 뛰면서 그런 비난이 한두 번도 아닐 텐데 왜 이 선수는 그렇게 강한 액션을 취했을까?

사람들은 생각보다 비난에 민감하다. 나의 생각과 다른 상황에 처할 경우 더욱 그렇다. 오죽하면 관계의 단절을 바로 가져올 수 있는 피드백이 "너나 잘해"이겠는가. 사람은 때로 감성적이기에

온보딩

어떤 피드백은 피드백이 아닌 비난으로 받아들여지고 그것에 대해 과민한 반응을 보이기도 한다.

예를 들어보자. 당신은 차가 필요했다. 당신의 예산과 운용 가능한 비용을 생각했을 때 A 정도의 차량이면 적당하다고 생각했고, 많은 고민을 한 끝에 좋은 조건으로 차량을 구입했다. 어느 날 주차장에서 동료를 만났다. "오, 차 새로 샀어?"로 시작한 인사말까지는 좋았으나 동료는 갑자기 이런 질문을 한다. "얼마 주고 샀어?", "그 돈이면 B가 더 좋지 않아?", "서비스는 왜 그것밖에 못 받았어?" 폭풍 같은 질문과 피드백에 당신은 점점 기분이 불쾌해지기 시작한다. 동료는 조언이라고 해준 말이 나에게는 조언이 아닌 비난이나 모자람에 대한 지적으로 들리기 때문이다. "너 살 때나 잘 알아서 사!"라고 대꾸를 안 하면 다행이다.

피드백 받는
3가지 법칙

타인이 나에게 피드백을 하는 경우 칭찬이나 감사 같은 긍정적인 피드백이 아니라면 우선 유쾌하지 못한 감정이 먼저 든다. 그래서 속칭 '들이댄다'라는 감정을 느낀다. 그래서 동료들의 피드백을 정확히 받아들이려면 다음의 규칙을 지켜보는 게 어떨까 제안해본다.

첫째, 두려워하지 말자

피드백을 긍정적으로 받아들이기 위해서 열린 마음이 필요하다. 상대방의 의견을 개방적으로 수용하고 받아들일 수 있는 자세를 갖추는 것이 필요하다. 소크라테스는 아테네에 있는 그의 제자들에게 반복해서 이렇게 말했다고 한다. "내가 아는 것은 오직 한 가지, 나는 아무것도 모른다는 사실이다." 물론 당신은 아무것도 모르는 사람이 아니다. 하지만 소크라테스 역시 본인이 모든 것을 다 알고 있는 것은 아니라고 했다. 업무상에서 오는 피드백을 최대한 열린 시각으로 수용해보기 위해 노력하자. 내가 틀릴 수도 있고 모를 수도 있다는 사실을 인지하고 정확히 파악하기 위해 노력하는 태도가 우선 필요하다.

둘째, 질문을 던져 전환해보자

피드백을 받으면 우선 감정적 반응을 하지 말고 그 내용을 한번 진지하게 들어보도록 노력해보자. 철저히 객관적 시각에서 감정적 대응을 하지 말고 주관적 해석을 하지 않도록 노력하며, 최대한 사실관계만을 파악하려고 노력해보자. 본인에게 부정적인 피

온보딩

드백이 왔을 경우 왜 이런 결과가 이루어졌는지에 대해 정확한 이해가 필요하다. 상대방이 어떤 의도를 가지고 이런 피드백을 하는지에 대해서 이해해보려는 시도를 해볼 필요가 있다. 그래도 이해가 되지 않는다면 혹은 추가 정보를 원할 경우 상대방의 의도를 명확하게 파악하기 위해서 질문을 던져보자.

셋째, 취사선택하자

의도가 파악되었다면 피드백을 통해 어떤 액션을 취할 것인지에 대해 취사선택이 필요하다. 앞서 말한 소크라테스의 사례처럼 나에게 피드백을 준 동료 역시 모든 것을 다 알지는 못하고, 항상 정답만을 말하지는 않는다. 때로는 내가 하고 있는 것이 정답일 수 있다. 정당한 피드백과 그렇지 못한 피드백을 섣부르게 판단하지는 말자. 부족하다면 다른 사람들의 의견을 구하거나 도움을 받는 것이 필요할 수 있다. 당신이 피드백을 들었을 때와 마찬가지로 상대방은 당신의 피드백에 부정적인 시선을 보낼 확률이 높다. 어쨌든 당신은 이곳에서 적응해야 할 입장이고, '로마에 가면 로마의 법을 따르라'는 말처럼 이곳에서 지켜야 할 룰 역시 상대방이 더욱 잘 알고 있을 확률이 높다. 그렇기에 항상 공손한 태도는 기본이다.

벤저민 프랭클린은 이렇게 말했다.

"나는 남의 의견을 정면에서 반대하거나 또 나의 의견을 단정적으로 말하지 않기로 했습니다. 심지어 '확실히'나 '의심할 나위 없이' 같은 단정적인 생각을 표현하는 말이나 글은 모두 쓰지 않기로 했습니다. 그 대신 '~라고 생각합니다'나 '~라고 여겨집니다' 혹은 '~인 것 같습니다', 아니면 '현재로서는 이렇게 생각합니다' 같은 말을 하려고 했습니다."

"나는 누군가 잘못된 주장을 하더라도 퉁명스럽게 그의 잘못을 지적하지 않았습니다. 그리고 그의 제안이 엉터리라는 것을 그 자리에서 당장 밝히는 일도 삼갔습니다. 그 대신 나는 그의 생각이 어떤 경우에는 옳을지도 모르지만 현재 내 생각과는 조금 다르다고 대답했습니다. 얼마 지나지 않아 나는 이 같은 태도의 변화가 많은 이익을 준다는 것을 알았습니다."

누구나 타인의 비판은 뼈아프기 마련이다. 하지만 그것이 그냥 아픔으로 남을지 새살이 되어 당신이 조직에 한 단계 빠르게 적응할 수 있는 돛과 같은 존재가 되어줄지는 당신의 선택이다.

05 별것도 아닌데, 사소한 걸로 트집 잡네요

권혁수 과장: 아영 씨, 보내준 보고서를 확인했는데, 문제가 있어요.

김아영 사원: 네, 과장님. 무엇이 문제인지 말씀해주세요.

권혁수 과장: 보고서를 읽어보니 목차 구성이나 내용은 좋아 보이는 데, 아직 디테일이 많이 부족한 거 같아요.

김아영 사원: 아, 그래요?

권혁수 과장: 보고서 앞과 뒤의 기간에 대한 기준이 다르고, 금액 단 위도 제각각이네요.

김아영 사원: (보고서 내용이 좋으면 되는 거 아냐? 왜 사소한 것으로 트집 잡 으실까?)

누구나 문서를 작성할 때 사소한 오타 등의 실수를 한 경험이 있다. 혹시 사소한 업무 실수에 '그 정도 실수쯤이야. 대세에 지장 없잖아'라는 말로 크게 개의치 않고 넘어가고 있지 않은가? 하지만 이러한 사소한 실수가 나의 발목을 잡을 뿐만 아니라 때로는 매우 난감하고 큰 손실을 초래하기도 한다. 다음 예시를 통해 살펴보자.

사소한
실수라고?

팻 핑거Fat finger를 아는가? '굵은 손가락'이라는 뜻이다. 증권시장에서는 손가락이 두꺼워 컴퓨터 키보드로 주문하는 과정에서 거래량이나 가격 등을 잘못 입력하는 것을 뜻한다. 팻 핑거는 단순한 실수지만, 주식시장에서는 자칫 잘못하면 아주 큰 손실을 입히는 사건으로 이어진다.

2010년 5월 미국의 한 투자은행 직원이 100만 단위의 거래를 10억 단위의 거래로 잘못 눌러 15분 사이에 다우존스 평균주가가 9.2% 하락했다. 일본에서는 2005년 미즈호증권 직원이 61만

엔짜리 주식 1주를 팔려고 하다가 실수로 주식 61만 주를 1엔(약 10원)에 내놓았는데, 도쿄 증시가 대폭락하면서 미즈호증권은 약 400억 엔(4,000억 원)의 손해를 봤다. 이처럼 팻 핑거는 단순한 실수지만, 엄청나고 매우 공포스러운 결과를 가져올 수도 있다.

업무에서 디테일을 중요시하고, 실수를 방지하며, 빠른 대응과 수정을 통해 비슷한 일이 반복되지 않도록 해야 한다. 디테일은 성공과 실패, 이익과 손실을 가를 수 있는 결정적인 요소가 되기도 한다.

> 디테일 공식: 100−1=99가 아니라 0이다.
> "사소한 실수가 모든 것을 무너뜨린다."

디테일이 살아야
긍정적으로 기억한다

행동경제학 창시자인 대니얼 카너먼Daniel Kahneman이 연구한 피크엔드 법칙peak-end rule을 기억하자.[1] 절정을 뜻하는 피크peak와 마

---

[1] 대니얼 카너먼, 《생각에 관한 생각》, 김영사, 2018

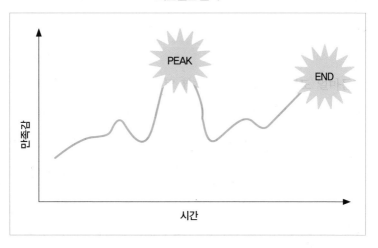

지막을 뜻하는 엔드^{end}가 결합된 조어로 사람들이 과거의 경험에 대해 평가를 내릴 때는 가장 절정을 이루었을 때와 가장 마지막의 경험을 평균하여 결정한다는 법칙이다.

과거의 경험을 판단할 때 고통의 지속 시간이 어떻게 작용하는지 알아보기 위해 실험했다. 실험 방법은 먼저 A 그룹과 B 그룹으로 나누었다. 그리고 A 그룹에는 고통을 느낄 정도로 차가운 물에 60초 동안 손을 넣었다가 빼게 하였고, B 그룹에는 A 그룹과 동일하게 60초 동안 차가운 물에 담갔다가 그 후 30초 동안은 덜 차가운 물에 손을 넣게 하였다. 즉 B 그룹만 온도 차이가 다른 두 개의 물에 손을 담그게 한 것이다. 마지막으로 한 번 더 반복해야 하는데, 어떤 실험을 할 것인지 물었더니 대부분 B 그룹을 선택했다고 한다. B 그룹은 손을 담그는 시간이 총 90초여서 A 그룹을 선택할 것 같았지만 대부분 고통이 덜한 B 그룹을 선택했다.

이야기 핵심은 '절정의 순간과 마지막 순간이 기억에 남는다'는 메시지다.

피크엔드 법칙

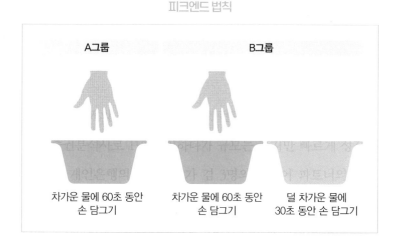

회사에서 업무 성과는 작은 업무들의 연속이다. 하지만 우리는 종종 큰 그림에만 집중하여 마무리와 디테일을 간과하곤 한다. 나의 업무 결과가 휘발성으로 날아가거나 제대로 평가받지 못하면 얼마나 속상한가? 다듬고 업그레이드해서 더 좋은 결과물로 완성할 수 있어야 한다. 작은 부분이 전체를 이루는 퍼즐 조각임을 명심하자. 디테일이 살아야 긍정적인 평판과 이미지를 구축할 수 있다.

디테일을 살리는
업무 노하우

회사에서 중요하게 생각하는 보고 포인트 파악하기

상사는 보고할 때 어떤 부분을 가장 신경 써서 준비하는지, 선호하는 목차 구조는 무엇인지, 데이터를 가공할 때 어떤 그래프를 선호하는지, PPT 문서는 어떤 방식으로 만드는지, 심지어 어떤 폰트를 쓰고 주로 어떤 부분을 강조하는지 등의 디테일까지 모두 숙지하는 것이다. 적응 초기에는 상사나 선배의 사소한 피드백에도 일단 귀를 기울이자. 삽질을 하더라도 더 나은 결과물을 만들고, 디테일을 더욱 높일 수 있는 기회라고 생각하는 것이 마음 편하다.

숫자로 말하기

숫자는 누구에게나 동일한 의미와 가치를 줄 수 있기 때문에 대

온보딩

표성이 있고, 모호함을 없애는 힘이 있다. 아울러 조직의 성과를 측정하고 분석하는 데 중요한 역할을 한다. 숫자는 신뢰할 수 있는 정보를 제공하며 의사결정 기반이 된다. 업무에 필요한 데이터를 수집하고 이를 해석하고 정리하는 능력을 갖춰야 정확한 분석과 디테일이 살아 있는 문서 작성과 보고를 할 수 있다.

신뢰할 수 있는 통계 정보를 제공하는 사이트

- 통계청 MDIS: 정부 각 부처, 지자체, 연구기관 등 타 통계작성기관의 마이크로데이터를 한곳에 모아 MDIS(MicroData Integrated Service)를 통해 국민들이 다양한 통계자료를 편리하게 이용할 수 있도록 서비스(https://mdis.kostat.go.kr/index.do)
- KOSIS 국가통계포털: 국내·국제·북한의 주요 통계를 한곳에 모아 이용자가 원하는 통계를 한 번에 찾을 수 있도록 통계청이 제공하는 One Stop 통계 서비스(https://kosis.kr/serviceinfo/kosisIntroduce.do)
- 공공데이터 포털: 한국지능정보사회진흥원NIA 또한 매우 권위 있는 국가 기관. 엑셀로 구성된 데이터뿐만 아니라 JSON, Open API 등 보다 다양한 데이터를 제공(https://www.data.go.kr/)
- 정책연구관리시스템 PRISM: 여러 국가 기관의 정책연구를 종합적으로 관리하는 시스템. 각종 중앙정부 부처와 지자체에서 수행한 성과평가, 타당성, 컨설팅 등에 대한 보고서를 제공(https://www.prism.go.kr/homepage/)

- 한국갤럽조사연구소: 한국인의 라이프스타일과 우리 사회 주요 현안에 관한 여론조사 결과 제공(https://wwiw.gallup.co.kr/gallupdb/main.asp)

적절하게 표현하기!

디테일한 것까지 신경 써서 작성한 높은 수준의 문서인지는 보는 사람은 금방 알아차린다. 맞춤법과 오타를 꼼꼼히 확인하고, 문장 구조와 단락 구성에 신경을 쓴다. 또한, 표현력을 높이기 위해 다양한 예시나 비유를 활용하는 것도 좋다.

한글 맞춤법 검사 및 교정 사이트

- 국립국어원 한국어 맞춤법 검사기(http://speller.cs.pusan.ac.kr/)
  검사가 필요한 내용을 입력하면 대치어 제공
- 네이버 한글맞춤법검사기
  비교적 짧거나 간단한 글을 검사하고 교정(비표준어, 통계적 교정, 띄어쓰기 등)

온보딩

시각자료 활용하기

업무에서 시각적인 자료를 활용하는 경우가 많다. 프레젠테이션이나 보고서 작성 시 그래프, 차트, 이미지 등을 사용하여 정보를 명확하고 시각적으로 전달할 수 있다. 이때 디테일을 중요시해야 한다. 각 요소의 크기, 위치, 색상 등을 조절하여 전체적인 디자인이 조화롭고 전달력을 높게 만든다.

보고서 디테일을 살리는 디자인 사이트

- 망고보드: 카드뉴스, SNS, 상세페이지, 포스터, 인포그래픽, 프레젠테이션, 배너, 유튜브 섬네일, 유튜브 채널 아트, 현수막, 명함, X배너 등 다양한 디자인 콘텐츠와 동영상 제작 가능(https://www.mangoboard.net/)
- 미리캔버스: PPT와 카드뉴스부터 동영상까지 원하는 디자인을 저작권 걱정 없이 사용 가능(https://www.miricanvas.com/ko)
- 눈누: 한글 폰트 무료 다운로드 사이트(https://noonnu.cc/)
- 픽사베이, 프리픽: 이미지 무료 다운로드 사이트(https://pixabay.com/ko/, https://www.freepik.com/)
- 핀터레스트: 원하는 키워드로 국내외 다양한 디자인 레퍼런스 파악(https://www.pinterest.co.kr/)
- 게티이미지뱅크 : 국내최대 사진, 일러스트, 동영상, 국내 촬영, 해외 이미지, PPT, 무료 이미지, 무료 폰트 등 주제와 형식을 다양하게 제공(https://www.gettyimagesbank.com/)

구조적으로 검토하기

디테일을 살리는 업무에서는 일정 관리와 계획 세우기가 필수적이다. 세부적인 일정을 정확하게 관리하고, 일정에 맞춰 작업을 진행하는 것이 중요하다. 이를 위해 일정표나 할 일 목록 등을 활용하여 디테일한 업무관리를 해보자. 뭉뚱그려서 '검토하기'라고 업무 일정을 세우는 것보다는 프로세스를 세부 단위로 쪼깨서 구조화하면 더욱 확실하게 검토할 수 있다.

디테일이 살아 있어야
일도 사람도 명품으로 보여요

명품 얘기를 해보자. 명품은 뛰어나거나 이름난 물건을 말한다. 명품의 중요한 조건은 디테일에 있다. 명품은 마감 품질이 완벽하고 디테일이 세밀하다. 명품 시계를 복제해도 핵심 기술인 무브먼트 제작 기술은 한계가 있어 명품의 마감 품질을 따라올 수 없다고 한다. 명품은 꼼꼼하고 야무지게 만들어져야 하며, 완벽하지 않으면 출시되지 않는다. 완벽하고 완전한 제품은 희소성을 가지며, 경제성에 타협하지 않고 완벽한 제품을 만들기 위해 장인의 노력이 필수다.

온보딩

디테일을 살리는 업무는 처음에는 귀찮고 짜증 나고 어려울 수 있다. 하지만 그 결과는 놀라울 정도로 큰 가치가 있다. 작은 차이를 주목하고, 상사의 업무 스타일에 집중하며, 일정을 철저히 관리하자. 디테일의 힘을 발휘하면 업무 전문가로서 빛나는 명품 이미지를 보일 수 있다. 업무는 하나의 점이고 과정process이다. 작은 점들이 모여서 선이 되듯, 하나하나의 과정이 모여 성과를 만들 수 있다. 매일매일 우리가 직면하는 작은 점에 집중하기 바란다. 디테일을 무기로 삼아 상황을 바꿀 수 있는 명품 같은 사람이 되어보자!

06 일을 해놓고도 지적받으니, 하기가 싫어집니다

"그래서, 무슨 말을 하고 싶은 거예요?"

상사에게 보고했을 때 이런 지적을 들어본 적 있는가? 신규 입사자로서 상사에게 하는 '보고'만큼 어렵고 좌절을 많이 겪었던 상황이 없을 것이다. 보고 실패로 인해 업무 추진에 이슈가 생기기도 하고, 비효율적인 야근을 하는 상황이 발생하기도 한다. 이런 상황이 발생하게 되는 이유는 업무지시를 명확하게 이해하지 못하기 때문이다.

직장인도
문해력이 필요하다

 2021년 인쿠르트에서 직장인과 자영업자 등 1,310명을 대상으로 '현대인의 문해·어휘력 실태'에 관한 조사에 따르면 '보고서나 기획안 등 비교적 내용이 길고 전문용어가 많은 비즈니스 문서를 읽을 때 어려움을 느끼는지' 질문했다. 그 결과, 응답자의 과반수 이상이 글을 읽고 의미를 이해하는 데 어려움을 느낀다고 했다. 그 이유(중복 응답)로는 메신저, SNS 활용으로 단조로워진 언어생활(95.4%), 독서 부족(93%)을 꼽았다.

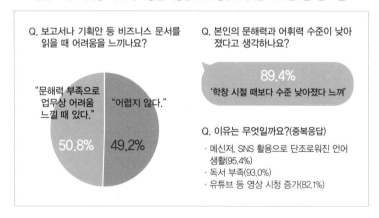

현대인 과반은 "문해력 부족으로 업무상 어려움 느꼈다"
(인쿠르트, 조사대상 : 구직자, 직장인, 자영업자 1310명 / 조사기간 : 2021년 9월 2일~5일)

Q. 보고서나 기획안 등 비즈니스 문서를 읽을 때 어려움을 느끼나요?

"문해력 부족으로 업무상 어려움 느낄 때 있다."
50.8%

"어렵지 않다."
49.2%

Q. 본인의 문해력과 어휘력 수준이 낮아졌다고 생각하나요?

89.4%
'학창 시절 때보다 수준 낮아졌다 느껴'

Q. 이유는 무엇일까요?(중복응답)
· 메신저, SNS 활용으로 단조로워진 언어 생활(95.4%)
· 독서 부족(93.0%)
· 유튜브 등 영상 시청 증가(82.1%)

유네스코는 문해력을 다양한 내용에 대한 글과 출판물을 사용하여 정의, 이해, 해석, 창작, 의사소통 등을 할 수 있는 능력이라고 말한다. 즉 말이나 글에 숨은 맥락을 이해하고 판단하는 능력이다. 문해력이 떨어지면 자기 스스로 글의 내용을 제대로 해석하고 보고서를 쓰거나 발표할 때 구성하는 힘이 떨어질 수밖에 없다.

보고서에도 엄연히 고객이 존재한다

이메일, 보고서 작성 등 업무와 관련한 상사들의 아쉬움과 피드백을 두 가지로 정리해보면 내용 부실과 표현 부족이다.

내용 부실	표현 부족
"핵심으로 다루어야 할 내용은 부실하고, 개요 및 현황 위주로만 작성되어 있었다. 문서 작성목적과 핵심사항이 무엇인지 정확히 파악하지 못한 것이 이유다."	"보고서는 한 눈에 들어와야 하는데 문장도 군더더기가 많아 길고, 문법도 틀리고, 쉬운 단어를 놔두고 어려운 단어를 많이 쓴다."

내용 부실을 해결하기 위해서는 핵심이나 결론을 강조하고, 상사(고객) 입장에서 역지사지하는 것이다. 상사는 일반적으로 '그래

온보딩

서 결론이 뭔데? 뭐가 중요한데? 하면 뭐가 좋은데?'에 대한 답을 얻고 싶어 한다. 하지만 실무자는 보고서에 여러 가지 정보를 내가 관심 있고 열심히 알아본 것, 내가 말하고 싶은 순서대로 구성해 놓았을 것이다. 내용이 길어질수록 상사의 머릿속은 이 생각으로 가득 찬다. '얘가 지금 도대체 무슨 말을 하고 싶은 걸까?' 그래서 모든 보고서의 시작과 끝은 말하고자 하는 '핵심과 결론'이 분명해야 한다.

문서에서 글의 표현은 간결함이 최고다. 한 문장에 너무 많은 내용을 담다 보면 이해하기가 어렵다. 문장이 길면 길수록 읽고 싶은 마음도 감쪽같이 사라지게 만든다. 그래서 의미 단위로 내용을 정리해 짧고 단순한 문장으로 작성해야 한다. 간결한 글쓰기는 없어도 의미가 통하는 단어를 최대한 없애는 일이다. 글이 단순해지면 문법 오류를 줄일 수 있다. 또한 읽을 때 속도감이 생긴다.

구두 보고는 타이밍이다

이메일과 보고서 작성을 위한 글쓰기를 마스터했다면 기본적으로 '일잘러'로 인식되었을 것이다. 여기에 화룡점정을 찍어보자.

바로 '구두 보고력'이다! 하지만 연차가 많이 쌓인 직장인도 구두 보고를 하는 데 애를 먹거나 불상사를 겪는 경우가 많다. 다음은 실무자가 구두 보고할 때 자주 겪었던 실패와 어려움이다. 여러분은 어떤 경험이 있었는가?

- 두서없이 말하여 몇 번을 다시 설명했다.
- 결과를 말하지 않고 원인부터 보고하여 상사가 답답해했다.
- 보고 울렁증으로 긴장하여 설명을 제대로 못 했다.
- 결론 및 의견 제시할 때 충분하게 내용을 알지 못하고 즉흥적으로 말했다.
- 상사의 질문에 제대로 답변하지 못했다.
- 상사가 알고 있는 정보와 내가 알고 있는 정보가 틀린 경우가 있었다.
- 지시사항을 정확히 전달 못 받은 상태에서 보고했다.

신규 입사자의 구두 보고는 자신의 업무력을 판단 받는 아주 중요한 순간이다. 상사와의 직접 소통이기 때문이다. 그래서 더욱 준비가 필요하다. 그렇다면 업무 성과를 높이기 위한 효과적인 보고는 어떻게 해야 할까? 특히 신규 입사자는 보고 타이밍을 잡는 것부터 어렵다고 한다. 보고 방식을 이해하면 실마리를 찾을 수 있다. 보고는 상황이나 시기에 따라 정보 보고, 이슈 보고, 중간 보고, 결과 보고로 크게 네 가지로 구분할 수 있다.

정보 보고	업무 관련한 정보나 데이터를 파악하여 공유할 때 하는 보고를 말한다. 정보 보고를 할 때는 사실과 자신의 생각을 구분해서 얘기하는 것이 포인트다. 즉 정보가 주는 의미와 해석을 제시할 수 있어야 한다.
이슈 보고	이슈가 발생했을 때 하는 보고다. 현상을 정확히 파악하고 대안을 가지고 보고하며 좋지 않은 보고일수록 신속하게 보고하는 것이 중요하다. 문제 보고는 무엇보다 해결에 초점을 두어야 한다. 상황에 대한 정확한 설명과 입장, 그리고 해결 대안을 가지고 말해야 한다. 그리고 알아야 할 사람이 모두 알 수 있도록 해야 한다.
중간 보고	납기가 있는 업무를 진행하고 있을 때 중간에 하는 보고다. 업무가 어떻게 진행되고 있는지 의도대로 되고 있는지 이슈 사항은 없는지 상사는 알고 싶다. 시간이 많이 소요되거나 실행이 불가능할 것으로 예상될 때는 반드시 사전에 중간 보고를 하고 협조를 구해야 한다. 묻기 전에 하는 것이 핵심이다.
결과 보고	업무를 마치고 나서 하는 보고다. 일의 성과를 좌우하는 가장 중요한 보고이다. 결과 보고할 때는 상사가 중요하게 생각하는 질문 네 가지를 항상 생각하자. · 내가 원하는 방향이나 의도를 명확히 알고 의견을 제시하는가? · 주장이나 의견을 충분히 설득력 있게 말하는가? · 구체적인 방법이나 사례를 말하는가? · 하면 뭐가 좋은지를 강조하는가?

OKAY
보고법

보고할 때는 OKAY 프레임을 활용하면 좋다. OKAY 프레임은 Opinion(의견), Key(핵심 이유), Action(실행방안), Yield(기대이익/효과)의 앞글자로, 한 번에 오케이 받을 수 있는 효과적인 보고 방법이다.

O [Opinion]	K [Key Issue]	A [Action]	Y [Yield]
주장이나 의견을 분명히 말하기 "제가 주장하는 것은 ~ 제 생각은~ ~해야 합니다. ~하지 말아야 합니다."	핵심 이슈 또는 이유 말하기 "~한 이슈를 해결하고자 합니다. 이런 주장을 하는 이유는 첫째, 둘째…."	실행방안 말하기 "이렇게 실행할 수 있습니다. 실행하기 위해서는 ~한 지원이 필요합니다."	기대이익 또는 기대효과 말하기 "그 결과 ~을 기대합니다. ~할 것으로 예상합니다."

[Opinion] **주장이나 의견을 분명히 말하기**

"제가 주장하는 것은~, 제 생각은~, ~해야 합니다. ~하지 말아야 합니다."

보고하러 들어간 당신은 아마 여러 가지 정보를 리더에게

온보딩

늘어놓을 것이다. 요즘 트렌드가 어떻고 어떤 어려움과 필요성이 있는지 등등 말이다. 얘기가 길어질수록 리더의 머릿속은 이 생각으로 가득 찬다. '도대체 무슨 말을 하고 싶은 걸까?'

그래서 모든 보고의 시작은 '나의 주장이나 의견'이어야한다. 새로운 기획에 대한 제안 보고라면 "이러이러한 이벤트를 생각해봤습니다." 진행 중인 사안에 대한 중간 보고라면 "지금 이런 부분은 잘되고 있지만 다른 부분에서는 보완이 좀 필요합니다."

그런데 이게 생각만큼 쉽지 않다. 결론부터 얘기하면 내가 이 일을 위해 얼마나 많은 고민을 했는지, 지금 잘되지 않는 것은 무슨 이유 때문인지 등 진짜 중요한 얘기가 묻히는 느낌이 들어서다. 하지만 이것부터 말하고 싶은 본능을 억제하는 게 상대의 귀를 열게 하는 아주 중요한 시작임을 기억하자. 상사의 시간도 비용이라고 생각하고 시작은 무조건 "그래서 뭐?"에 대한 답을 하고 시작해보자.

[Key Issue] 핵심 이슈 또는 이유 말하기
"~한 이슈를 해결하고자 합니다, 이런 주장을 하는 이유는

첫째, 둘째⋯."

상사는 주장이나 의견을 듣고 나면 '그래서⋯이걸 왜 해야
하지?'라는 생각이 들게 마련이다. 문제 상황에 대한 보고를
받았다면 '왜 그런 문제가 생겼지?'라는 의문이 생긴다. 그
래서 결론 뒤에는 그 이유와 근거가 반드시 설명되어야 한
다. 새로운 프로젝트를 해야 한다면 그것이 기존과 어떤 차
별점이 있는지, 혹은 과거에 해왔던 방식에서 어떤 부분을
개선한 것인지를 알려주어야 한다. 중간 점검 보고를 할 때
도 마찬가지다. 현재 잘되고 있는 부분은 어떤 이유로 수월했
고, 이런 이유로 문제가 있다는 걸 밝혀줘야 한다. 이를 통해
리더가 현재 상황을 좀 더 정확히 알 수 있게 해준다.

[Action] 실행방안 말하기

"이렇게 실행할 수 있습니다, 실행하기 위해서는 ~한 지원
이 필요합니다."

의견과 핵심 이슈를 듣고 나면, 그래서 어떻게 하겠다는 건
지 실행 방법이나 관련 사례가 궁금해진다. 따라서 보고자
는 상사가 앞으로 진행될 상황을 구체적으로 그릴 수 있도
록 다음 세 가지 요소를 알려줘야 한다. 바로 시간, 비용, 인

력에 대한 정보다.

언제부터 시작해서 언제까지 끝낼 건데 다른 프로젝트와 조율한 부분은 어떤 것인지, 비용은 최소 어느 정도는 확보되어야 하고 최대의 효과를 내기 위해서는 어느 정도 투자가 되어야 하는지 알려줘야 적절한 대안인지 판단할 것이다. 마지막 어떤 사람을 투입할 것인지에 대한 안인데 보고받는 사람이 더 적합한 사람을 추천해줄 수도 있고, 내부 조정을 통해 지원을 받을 수 있게 환경을 만들어줄 수도 있다.

[Yield] 기대이익 또는 기대효과 말하기

"그 결과 ~을 기대합니다, ~할 것으로 예상합니다."

의견, 핵심 이슈와 함께 실행방안을 어떻게 하겠다는 얘기까지 들은 상사는 '그런데 이렇게 하면 뭐가 좋아지는데?'라는 생각이 들 거다. 그래서 보고자는 마지막으로 기대이익 또는 효과를 짚어줘야 한다. 거창한 변화를 꾸며내서 보고할 필요는 없다. 이 일을 통해 어떤 변화가 생길 수 있는지를 가능한 구체적으로 알려주는 것이 핵심이다. "~로 인해 신규 고객 매출 상승을 기대합니다", "업무 방식이 개선될 것으로 예상합니다" 등 본인의 제안이, 그리고 있는 끝 그림을 설명하는 걸로 보고를 마무리한다. 그래야 듣는 사람도 '뭐가 좋아지는데?'라는 의심의 눈초리가 아닌 '이런 결과가 나올 수도 있겠구나'라고 긍정적으로 받아들일 수 있다.

하지만 안타깝게도 피땀 흘려 작성한 보고서가 제대로 힘 한번 못 써보고 휴지통으로 들어가는 순간, 우리는 좌절한다. 컨펌받지 못하는 이유를 자신의 보고서 작성 능력의 부족으로만 여기면서 말이다. 결국 핵심은 상사가 듣고 싶어 하는 내용을 말해야 한다. 엣지 있는 보고를 위해 'Opinion(의견)-Key(핵심 이유)-Action(실행방안)-Yield(기대이익/효과)' 프레임을 활용해보라. 보고에서 한 끗 차이는 엄청난 차이를 가져온다.

아직도 제 이름을
모르는 사람이 있어요

이직 3개월 차인 한혜진 과장은 얼마 전 팀 회식에서 당황스러운 얘기를 들었다. "이 팀에 여군 출신이 새로 들어왔다며? 오늘 안 왔어? 우리 등산동아리에 합류하면 에이스가 될 것 같아서 오늘 초빙하러 왔어." 사내 등산동아리 회장인 옆 부서 부장님의 물음에 모두 어리둥절했다. 팀에 이직자라고는 한혜진 과장이 유일했기 때문이다. 나중에 알고 보니, 한 과장이 평소 전화통화 시에 '다나까'체를 사용하는 것이 여군이라는 소문으로 퍼진 해프닝이었다. 그렇게 한 과장은 '이름 없는 여군 출신 경력직 사원'이 되었다.

"그 친구 일은 잘하나?" 새롭게 합류하게 되면 자주 듣는 말이다. 신입사원 시절을 거쳐 회사에서 성장한 다른 직원들과 달리 이직자는 서사를 가지고 있지 않다. 그렇기에 이름 석 자를 각인하는 것은 매우 어려운 일이다. 사전적 의미로 이름이 아닌 그 사람의 명성이나 인정과 같은 사회적 위치들 말이다. 그래서 이직자는 웬만한 성과를 보여주기 전까지는 그 '새로 온 친구'라는 별명으로 불리게 되는 것이다. 아직 명확한 무언가를 보여주지 못했으니 말이다.

티를 내지 않으면
티끌이 된다

'말하지 않아도 알아요'로 시작되는 유명한 CM이 있다. 아픈 친구를 위해서 같이 머리를 밀어버린 친구들이 인상 깊은 내용처럼 말하지 않아도 전해지는 것들이 있다. 정서적 교감이나 재채기처럼 감출 수 없다고 말하는 것들 말이다. 하지만 직장에서 말하지 않아도 알 수 있는 것들이 얼마나 있을까?

데일 카네기는《인간관계론》이라는 책을 통해서 "쇼맨십을 발휘하라"고 이야기했다. 사실 오늘날은 거의 모든 일에서 적극적이고 효과적인 자기 PR이 필요한 때이다. 자리 잡기를 하고 있는 당신에게는 더욱이 그렇다. 단순히 사실을 말하는 것만으로는 충분하지 않다. 좀 더 생생하고 흥미롭게 극적으로 사실을 전달해야만 한다. 당신이 일을 잘한다는 사실을 얼마나 효과 있게 상사에게, 동료에게 표현하는지가 핵심이 될 수 있다.

여기 열심히 일하는 만년과장 정준하 씨가 있다. 매일 성실한 정 과장은 오늘도 야근을 자처하며 일에 몰두한다. 남들이 하기 싫어하는 일도 도맡아 묵묵히 할 만큼 성실함은 타의 추종을 불허한다. 하지만 정 과장은 앞으로 나서서 자기 성취나 노력을 어필하는 것이 어렵고 창피하다고 여기고 그저 묵묵히 자기 일을 할 뿐이다. 왜 상사들은 자기의 성실함을 인정해주지 않고 번번이 승진에 미끄러지는지 적당히 불평하면서. 여기에서 어떤 부분을 주목해야 할까? 정 과장이 '만년'과장이라는 것이다. 전부는 아니겠지만 자기 어필이 부족한 것이 정 과장의 발목을 잡은 요인 중 하나가 아닐까?

산 정상에서는 산 아래가 보이지 않는다는 말이 있다. 우리 상

---

2 데일 카네기,《인간관계론》, 현대지성, 2019

사들은 빠르게 혹은 정상에 가까운 목표를 바라보기 위해 아래의 세세한 것들을 보지 못할 수 있다. 성실하게 일하는 정 과장처럼 모든 부하직원의 노력을 세세히 알아차리기 어렵다. 그렇기 때문에 적당한 자기 연출이 필요한 것이다.

보이게 일해야 '수고했다'가 아닌 '잘했다'라고 한다

내가 상사라면, 고생한 부하직원에게 가장 흔하게 쓰이는 말이 '수고했다'는 말일 것이다. 뭐, 그럼 더 무슨 말을 해야 하나 싶지만 정말로 칭찬해주고 싶은 사람에게는 '잘했다'라고 이야기하지 않을까?

최근 인기 있는 TV 프로그램 중 〈최강야구〉라는 야구 프로그램이 있다. 프로그램 콘셉트는 은퇴한 야구선수들을 모아서 아마추어 선수들과 경기를 치르는 예능적 요소를 가진 프로그램이다. 새로운 감독으로 80세도 넘으신 노장 김성근 감독이 새롭게 취임하면서 프로그램의 색깔이 약간 변하기 시작했다.[3]

---

3 장시원, 〈최강야구〉(스포츠 예능, 2023), JTBC

온보딩

이전에는 그냥 예능 프로그램으로 야구경기가 진행되었다면 요즘은 프로야구처럼 치열하게, 때로는 '프로에서 왜 이렇게 못했냐'는 말이 나올 정도로 열심히 경기를 치르는 모습들을 자주 보여준다. 이 선수들에게 가장 큰 원동력은 노감독의 '잘했다'라는 한마디다. 마흔도 넘은 선수들이 감독의 칭찬 문자에 서로 부러워하고 뿌듯해한다. 칭찬을 싫어하는 사람은 없다. 오죽하면 고래도 춤추게 한다지 않는가? 보이게 일해야 그저 '수고했다'가 아닌 '잘했다'라는 말을 들을 수 있다.

오른손이 하는 일을 왼손이 모르게 하라는 종교적 관념은 매우 훌륭하나 그것이 직장 생활일 경우에는 항상 옳은 것이 아니다. 자신 있게 말하겠다. 오른손이 하는 일은 왼손도 알게 하라. 가능하다면 많은 사람이 알게 하라.

08 올해 고과는 어쩔 수 없이 깔아야 하는 거죠?

"주현영 대리는 올해 입사했으니, 적응 기간을 감안해서 낮은 평가를 줄 수밖에 없었어."

최근 이직한 주현영 대리는 옆 부서 입사 동기 김원훈 대리로부터 납득하기 어려운 얘기를 들었다. 올해 입사한 경력 입사자들의 평가결과는 이미 대부분 B나 C로 결정돼 있다고 전하는 것이다. 1년 차 때는 아무리 잘해도 B 이상 받기 힘들 거라는 말이다. 무슨 말도 안 되는 소리인가? 아직 내가 어떤 성과를 낼지도 모르는데 올해 고과는 깔고 가라는 말인가?

취업플랫폼 잡코리아에서 2023년 2월, 남녀 직장인 610명을 대상으로 〈인사평가 결과 만족도〉 조사를 실시했다. 설문에 참여한 직장인 중 78.9%가 '인사평가 결과 때문에 이직을 고민했다'고 답했다. 이 중 39.7%는 '현재 적극적으로 구직 활동 중'이라고 답했고, 39.2%는 '곧 이직을 준비할 것'이라고 했다. 직장생활이 힘든 이유는 수천, 수백 가지가 있겠지만 직장인이라면 반드시 넘어야 하는 산 중 하나가 바로 평가다. 평가는 언제나 불편하고 억울하다.

일희일비하지는 말자

공정하고 투명한 평가를 원하지 않는 사람은 없다. 그렇지만 생각했던 것보다 평가를 못 받았다고 속상한 것은 하루면 충분하다. 좌절이나 실망감을 크게 간직하면 자신만 손해다. 좋은 평가를 못 받은 이유는 여러 가지가 있다. 나보다 더 나은 성과를 보여준 동료가 있는 경우, 내 성과를 충분히 어필하지 못한 경우, 내가 아직 적응기에 있어서 인정할 만한 성과를 내지 못한 경우 등 다양하다.

직장에서는 감정 조절도 실력이고 능력이다. 순간의 기분에 따라 날카로운 감정을 드러낸다거나 오락가락하는 감정 변화가 심한 모습을 반복해서 보이면 스스로 평판을 떨어뜨리는 일이다. 기분이 곧 태도가 되는 사람은 좋은 평판을 얻기 힘들다. 따라서 부정적인 생각에서 벗어나 향후 경력 성공을 높이는 방법을 찾는 게 더 현명하다.

평가의 동상이몽에서
벗어나기

누구나 자신이 회사에 기여한 만큼 충분한 보상과 인정을 받고 싶어 한다. 하지만 현실에서 성과평가는 상사와 입장 차이가 첨예하게 대립하는 과정이다. 주현영 대리 입장에서는 입사 후 누구보다 열심히 일했고 성과도 충분히 냈다고 생각했다. 그런데 이런 노력이나 성과를 알아주지 않고, 초라하거나 억울한 성적표를 받았다면 더욱 그렇다. 일반적으로 주현영 대리와 같은 대다수 직장인은 일하면서 크고 작은 성과를 만들고 있다. 의심의 여지가 없다. 중요한 것은 '내가 한 일을 상사가 성과나 기여로 인정하느냐'에 있다. 이러한 동상이몽에서 벗어나기 위한 포인트를 확인해보자.

온보딩

첫 단추는 팀장님과의 목표 수립 면담에서 목표 기대치와 수준에 대해 명확히 말하고 합의해야 한다.

"이번 분기(반기/1년) 제가 무엇을 하면 되는지 성과 기대치를 분명히 얘기해주세요."
"제가 어느 정도 수준과 결과물을 만들어내면 제대로 인정받고 평가받을 수 있나요?"

그 대답은 명확한 기록으로 남겨둬야 한다. 그다음 해야 할 일은 분명하다. 지금부터 당장 크고 작은 내 업무 성과를 기록하고 정리해보자. 기록은 공정한 평가 요구, 정확한 피드백을 구하기 위해 상사에게 관심과 대화의 밀도를 높이는 과정이다. 따라서 어필할 만한 가치가 있는 업무들을 찾는 게 중요하다. 성과에는 내가 만들어낸 결과물뿐만 아니라 여러 사람의 도움을 받거나, 다른 사람에게 도움을 준 것까지 포함될 수 있다. 내 직접적인 업무와 연관되어 있지 않거나, 중요하지 않아도 괜찮다. 그래야 상사가 알고 동상이몽에서 벗어날 수 있는 소스가 된다.

내 업무 성과를
어필하는 방법

내가 아무리 일잘러라고 하더라도 내 업무 성과를 충분히 알아줄까? 직장에서 더욱 인정받는 직원으로 성장하려면 자신의 업무 성과를 명확히 구분해보는 습관도 큰 도움이 될 수 있다. 주간 보고, 월간 보고, 일정 캘린더 등 상시로 하고 있는 업무 내용들을 뽑아보면 업무 성과들은 명확히 드러날 수 있다.

구분	내용	의미
1단계	나의 물리적 업무 시간 측정하기	가장 많이 시간을 쏟았던 업무를 체크한다.
2단계	업무의 우선순위 정렬을 확인하기	팀 목표와 우선순위에 연계된 일을 하고 있는지 체크한다.
3단계	가시적 성과와 개선점을 정리하기	• 잘한 일(숫자, 팀의 목표 중 달성한 것) • 못한 일(하겠다고 해놓고 하지 못한 일, 데드라인 지난 것, 제일 집중했지만 성과 내지 못한 일)
4단계	과정에 숨어 있는 성과 정리하기	기존 과정과 다르게 진행했던 일, 이 일이 연계되거나 발전되었는가? 다른 팀의 업무 목표에 도움이 됐는가?
5단계	소통 및 협업 성과 정리하기	소통 및 팀 운영에서의 변화를 성과로 표현

온보딩

내가 했던 업무의 성과들을 파악했다면, 다음은 어떤 방식으로 어필할 수 있을 것인가의 문제이다. 단순히 '나 뭐뭐뭐 했고, 잘했는데요'라는 말은 그다지 설득력이 없다. 똑같은 아웃풋을 가지고도 진달하는 방법에 따라 성과를 극대화할 수도 있고, 성과로 인정받지 못할 수도 있다.

우선 회사마다 다른 성과평가 요소들을 미리 확인하고 거기에 맞춰 성과 요소들을 구분해볼 필요가 있다. 그리고 항상 연말에 어필하려고 정리만 해두는데, 그렇게 하면 효과적이지 못하다. 연중 상시 업무 과정 중에도 중간 보고를 통해서 어필할 필요가 있다.

어필 요소는 다음과 같이 구분하면 좋다.

1. 정량적 결과치(가시적 성과)

2. 정성적 기여내용(숨은 성과)

3. 시너지 효과(협업)

4. 소통/커뮤니케이션 효율성(시간/기간 단축)

5. 우리 팀(성과)+다른 팀(성과 기여도)

6. 내 성과에 도움을 준 동료(고마운 동료)

특히 5번이나 6번 요소와 같이 다른 팀의 기여도나 내 업무 성과에 도움을 준 동료에 대한 어필은 간과하는 경우가 많다. 그런데 특히 이 요소들은 다음 성과를 달성하기 위한 기반을 구축하는 행동으로 지속할 경우 굉장히 큰 힘을 발휘하기 마련이다. 단체 메신저에 타 팀의 기여도를 명시한다든지 고마운 동료를 공개 석상에서 구체적으로 칭찬한다든지 하는 행동은 당신을 협업하고 싶은 1순위로 꼽게 되는 이유가 된다. 마지막으로 혹시 성과 달성에 실패했더라도 일을 진행하는 과정 중에 얼마나 도전했는지, 남들과 다르게 접근해서 혁신했는지 구체적으로 정리해둔다면 기여도를 충분히 어필할 수 있다.

경력 포트폴리오
점검하기

많은 조직에서 평가라고 하면 주어진 목표를 정해진 기간 동안 이룬 업무 결과를 측정하고 평가하는 일이 되곤 한다. 하지만 평가는 순간의 기록이 아니라 과정임을 명심하자. 사람은 이전보다 더 낫거나, 새로운 무언가를 갈망하는 존재다. 성장, 학습, 성공, 기여, 성취에 대한 기회를 기대한다. 단순히 '어떤 일을 하는가?'가 아니라 '어떤 사람으로 성장하고 싶은가?'를 고민해보자. 경력 쌓기에 대한 마인드를 바꿀 필요가 있다. 조직 내 정해져 있는 경력 사다리를 무조건 오를 것이 아니라, 나만의 경력 포트폴리오를 만들어야 하는 시대다. 경력 포트폴리오는 자신의 직무 관련 경험과 성취를 증명하고 회사에서 남다른 경쟁력을 만들어준다. 남이 대신해줄 수 있는 일이 아니다. 이러한 관점을 갖는다면 종종 치고 들어오는 순간의 불합리함에 슬기롭게 대처할 수 있는 힘이 된다.

"커리어는 죽었다The Career is Dead"라는 말을 기억하자. 미국 보스턴대학 더글라스 홀Douglas Hall 교수가 한 직장에 머물며 직업 안정성을 보장받던 전통적인 경력개발 시대는 지났고, 자신의 경력을 스스로 선택하고 책임져야 하는 시대가 왔음을 강조한 메시지다. 자신의 경력을 관리하는 다양한 방법이 존재한다. 경력개발의 패러다임이 바뀐 것이다.

프로틴 경력Protean career과 무경계 경력Boundary-less career이 있다.
프로틴 경력은 마음먹은 대로 자신의 모습을 바꿀 수 있는 그리스의 신 프로테우스Proteus에서 유래한 개념이다. 한 분야에서 경력을 쌓아왔던 것이 아닌, 다양한 분야에서 경력을 가진 사람을 의미한다. 장점은 다양한 분야의 지식과 경험을 갖추고 있어서, 문제를 다각적으로 바라볼 수 있으며, 창의성과 융합적 사고력을 활용하여 문제 해결에 큰 도움이 된다. 또한 수직 상승이라는 객관적 사실보다도 본인이 느끼는 심리적 성공 Psychological success에 초점을 맞춘다. 즉 자부심이나 성취감 등 본인이 주관적으로 성공했다고 느끼는 것이 중요하다.

무경계 경력은 조직 중심의 경력에서 벗어나 다양한 분야를 경험하며, 다양한 역할을 수행하며 쌓아온 경력을 말한다. 가장 큰 특징은 개인의 이동성 mobility이다. 이로 인해 시장으로부터 가치를 인정받는 것이 중요하며 개인은 회사로부터 독립된 경력 정체성을 확립한다. 기존에는 주로 조직 내에 한정되어 네트워크가 이루어졌지만 무경계 경력에서는 조직의 경계를 벗어나 산업이나 직업에 기초를 두고 네트워크 형성이 이루어진다. 경력개발 측면에서는 개인의 책임이 증가하기 때문에 자기 주도적 경력 개발이 필요하다. 자신의 경력을 어떻게 개발할지 점검하고 결정해야 한다. 특히 새로운 조직에 합류한 이상 지속적으로 나를 리스킬링 Re-skilling할 수 있는 기회를 찾고 계속 시도해야 한다.

소프트랜딩 성공 노하우 전수: 업무

프로이직러 H 이사: 임원까지 원스톱

송년회 앞두고 밤새 박스 포장 400개를 하는데, 지금 뭐 하고 있나 싶더라고요. 대학 때부터 목표로 해서 들어온 회사인데, 인터뷰 때와 업무 범위가 너무 달라서 당황한 거죠. 하지만 마인드 컨트롤했습니다. '일단 수용하자! 내 기준에서는 허드렛일일 수 있지만, 회사나 팀 기준에서는 그 일을 할 사람이 필요했기 때문에 뽑은 거다. 나를 증명한 이후부터 슬슬 목소리를 내자.'

지나고 보니 참 잘했던 것 같아요. 그 순간엔 앞으로도 그럴 것 같아 화가 나고 걱정도 됐지만 기우였죠. 잠깐 그 구간을 지나고부터는 반대의 고민을 하고 있으니까요. 온보딩도 충분히 안 되었는데, 난이도 높은 일만 주는 거 아닌가 싶은 거죠. 불평한다고 일이 사라지겠어요? 결국 다 하면서 구시렁거린다는 이미지만 얻게될 겁니다. 대신 살 구멍은 만듭니다. 가십하지 않고, 이 일을 해결해줄 수 있는 사람하고 긴밀하게 소통하는 겁니다. 주로 리더일 경우가 많은데, 일을 수용했다는 점을 생각보다 크게 여기시더라고요. 힘들면 도움 요청드리겠다고 열어두고, 수시로 그 카드를활용하면 과정도 어필되고, 결과도 만들어낼 수 있어서 평가받는데도 유리했어요!

나중에 알고 보니 리더가 숙원 사업으로 가지고 있던 걸 모두기피했지만 제가 엉겁결에 받은 거죠. 초반이라 제대로 한번 보여주자 싶어서 얼마나 목숨 걸고 했겠습니까? 그 덕에 입사 첫해에최우수 사원상을 받는 쾌거를 이뤘습니다. 전무후무한 일이라 계열사까지 소문이 파다했지만 그 때문에 견제의 대상이 됐는지 괜한 공격도 많이 받았습니다. 당연히 세트로 오는 상황이다 싶어서담담하게 넘기다 보니 최연소 임원이라는 타이틀까지 얻게 됐습니다. 단시간에 이런 일들이 가능했던 건 일에 대한 가치 판단을보류했기 때문 아닐까요?

온보딩

프로이직러 M 매니저:
드디어 꿈의 직장으로 이직 성공

6년 전 직장 동료였던 친구와 현재 연봉은 딱 2배 차이 납니다. 옆자리를 털고 나오는데 첫 용기가 필요했지만 정말 잘한 결정 이었던 거죠. 2번 정도 점프해서 드디어 입성하고 보니 감개무량 합니다. 오늘이 딱 한 달 되는 날이네요. 정신없이 지나갔지만 순 항 중입니다. 세 번째 회사다 보니 허둥대지 않고, 필요한 작업들 을 하게 되더라고요. 사람마다 다르겠지만 저는 관계보다 일을 우 위에 두고 움직여요. 조직은 사람만 좋은 사람에게 절대 투자하지 않아요. 하지만 일만 잘하는 사람에겐 이 부분만 조금 신경 써 달 라며 기꺼이 투자하지 않던가요? 냉정한 현실이라고 봅니다. 그 냉정함이 가장 크게 느껴질 때가 입사 후 1년이죠. 그때는 딱 3가 지를 신경 써요.

첫 번째는 입사 초기에 꼭 전임자가 어땠는지 묻습니다. 두드러 진 강점이 있었다면 그 영역을 절대 승부처로 삼지 않습니다. 대 신 꼭 아쉬운 점이 있습니다. 전임자의 강점 영역은 적정한 수준 으로 해내면서 그 부분을 메우면 바로 안심하면서 이번에 참 잘 뽑았다는 평을 합니다. 거기에 자기 색깔을 입혀가면 한 번 더 레 벨업 되겠죠. 이번 회사의 전임자는 MS Office 편집 솜씨가 예술이었어요. 문서를 열어볼 때마다 감탄이 나오더라고요. 엑셀을 열면 함수가 20개씩 걸려 있는 거죠. 저도 나름 감각이 있다는 평을 듣고 있지만 이번엔 무리해서 시간 쓰지 않기로 했습니다. 대신 소통 역량이 떨어진다는 평이 많더라고요. 그래서 빠르게 작업해서 보낸 후 이중 삼중으로 소통의 빈도를 높였죠. 약간 비틀었더니 분위기가 전혀 다른 거죠. 슬랙에 댓글이 막 달리니 따로 어필할 필요도 없이 원하는 결과를 얻을 수 있었습니다.

두 번째는 일을 세 가지 영역으로 나눠서 관리해요. 빠르게 캐치업해서 무난하게 운영해줘야 하는 파트, 진행하는 것 중에 이참에 밸류업할 파트, 새로운 시도를 해볼 파트가 그 구분입니다. 특히 새로운 시도를 할 부분은 상위 리더와 사전에 협의가 되어야 합니다. 평가와 직결되어 있다면 딜도 해봄 직한 거죠! 나중에 주장해봐야 의미가 없기 때문에 계획된 우연으로 끌고 가는 게 좋을 겁니다. 조직은 늘 새로운 DNA를 이식받길 원하면서 그 저항도 만만치 않기 때문에 충분히 그럴 가치가 있다고 봅니다. 적응도 힘든 구간에 새로운 걸 성공시켰다고 하면 박수받아 마땅하죠.

세 번째는 중요하게 떨어진 과제라고 하면 미리 승리의 조건을 파악합니다. 경력자라고 바로 일을 던져주더라고요. 블라인드 게시판을 보니 소통에 문제가 있다며 소통하는 문화를 활성화하는 겁니다. 그래요. 저는 경력자니까 받는 즉시 물었죠. "소통이 잘된다는 게 어떤 모습일까요?" 그랬더니 서로 자리를 왔다 갔다 하면서 사적 공적 스몰 토크가 수시로 이뤄지는 거랍니다. 그래서 바로 기획에 들어갔죠. 공지도 반응을 유발하는 형태로 만들었고, 슬랙에 이모지를 달 수 있도록 해서 반응도를 체크할 수 있게 했어요. 그리고 띠부띠부실을 2개씩만 나눠주고 타부서 사람과 만나 한 세트를 만들어 오면 선물 증정, 이 활발한 장면을 영상으로 제작해서 공유하니 클로징까지 폭발적인 반응이 나왔죠. 만약 소통 활성화에 담긴 의미가 존중과 배려였다면 전혀 다르게 접근하지 않았을까요?

PART 5

불평

◆

출근하면서 불평으로
하루를 시작합니다

"화내는 것도 나쁜 건 아니야.
화가 날 때 난 이렇게 생각해.
마음의 소리를 들을 준비가 안 돼서라고."

― 영화, 〈엘리멘탈〉 ―

01 회사 분위기 적응 안 됩니다

　김난도 교수는 《웅크린 시간도 내 삶이니까》 라는 책에서 "행복의 반대말은 불행이 아니라 일상이에요. 행복이라는 감정은 일상 속에서 아주 소중하고 조금 느낄 수 있는, 이내 사라져 버리는 감정이거든요"라고 말한다. 경력직으로 이직을 하면 시작하는 순간에는 행복하다. 하지만 새로운 조직에 적응이 끝나면 일상이 되어버린 직장 생활에 대한 불평이 하나둘 튀어나오기도 한다. 그 일상은 내가 소중하게 느끼면 행복으로 돌아오지만, 불평으로 대

1　김난도, 《웅크린 시간도 내 삶이니까》, 오우아, 2015

하기 시작하면 결국은 불행으로 돌아오는 게 이치다. 그렇다면 어떻게 적응해야 새로운 조직에서 일상이 소중해질까? 아니면 반대로 불평이 시작되어 불행으로 연결되는 걸까?

빠르게 주파수를 맞춰보자

대기업에서 10년 넘게 마케팅 기획 일을 해온 박건우 팀장은 최근 스타트업 팀장으로 이직했다. 회사 대표의 개방적인 마인드와 자유로운 업무 분위기를 매력적으로 느껴 이직을 결심했다. 박 팀장은 출근하자마자 야근도 불사하며 팀의 방향성과 앞으로 수행할 업무를 체계적으로 분석하고 정리했다. 무엇보다 팀의 업무 프로세스와 R&R, 회의 및 보고 방식 등을 새롭게 세팅할 필요를 느꼈다. 며칠 후 대표를 포함한 임원들이 모인 자리에서 프레젠테이션을 했다.

박 팀장의 예리한 분석과 새로운 팀의 변화 방향 제시 등 현란한 발표는 계속되었다. 그런데 참여했던 대표와 임원들의 반응이 어째 뜨뜻미지근하다. 박 팀장이 놓친 부분은 무엇일까? 회사의 방향과 전략이라는 주파수를 못 맞춘 거다. 또한 팀원들과 충분한 논의와 합의를 거치지 않고 독불장군식으로 일하는 모습이 아직 전 직장의 때를 못 벗어난 것이다. 경영진은 사업실적이 최근 몇 년간 제자리걸음을 하고 있는 상황에서 마케팅을 통해 새로운 돌파구를 만들고 싶어 했다. 그래서 새롭게 합류한 박 팀장에게 시장에서 마케팅 경쟁력을 높이기 위한 혁신적인 방안과 구체적인 계획을 기대했다. 하지만 박 팀장은 마케팅팀의 낭비 제거와 비효율성 개선에 초점을 맞춘 발표에 집중한 것이다.

그 이후 엄청난 피드백과 간섭이 이어졌다. 발표자료는 팀원들과 논의하지도 않고 혼자만 고민하고 만들었냐는 질책도 하면서 말이다. 결국은 처음부터 다시 시작해야 했다. 박건우 팀장의 막연한 환상은 처절하게 깨졌다. 나의 업무 방식과 스타일을 최대한 존중하며, 불필요한 간섭은 없을 거라는 기대 말이다. 신규 입사한 사람이 절대 하지 말아야 할 이야기가 있다. '전에 회사에서는 이렇게 안 했어요', '여긴 왜 그래요?' 이렇게 말하는 순간, 회사에 적응하지 못한 사람으로 평가받고, 조직문화를 불평만 하는 사람으로 취급받을 수 있다. 주파수를 못 맞춘 결과다.

새 술은 새 부대에 담는
용기를 내보자

앨빈 토플러는 "21세기 문맹자는 읽거나 쓰지 못하는 사람이 아니라 배우고, 비우고, 재학습하지 못하는 사람들이 될 것이다" 라고 말했다. 과거의 성공 경험과 지식만으로는 앞날을 보장하고 예측할 수 없다. 그만큼 모든 것이 빠르게 바뀌고 있다. 배리 오라일리는《언러닝》[2] 이라는 책에서 죽은 지식을 살아 있는 지식으로 바꾸는 가장 빠른 방법으로 언러닝을 말한다. 언러닝UnLearning은 '학습'을 의미하는 러닝learning에 부정을 뜻하는 접두사un가 더해진 말이다. 새롭고 더 나은 방법을 도입하기 위해 기존에 알던 사고와 행동을 폐기하는 일을 뜻한다. 즉 과거 전 직장에서는 효과적이었던 행동이 현재 직장에서는 적응과 성공을 제한하고 있다면 과감히 버려야 한다. 더 이상 효과가 없는 낡은 사고를 가지고 직장 생활을 이어가고 있다면 언러닝을 해보자.

박건우 팀장 사례로 돌아가 보자. 박 팀장이 경험한 전 직장은 철저하게 개인 성과에 따라 승진과 보상이 결정되었다. 따라서 모

---

2   배리 오라일리,《언러닝》, 위즈덤하우스, 2023

든 일에서 자신의 성과를 먼저 생각하고 행동했다. 그러다 보니 중요한 판단이나 결정은 팀원들과 논의하고 합의하는 과정이 실행속도를 떨어뜨려 불필요하다고 생각했을 수 있다. 박 팀장의 전문적 지식과 경험은 훌륭했다. 하지만 새롭게 합류한 회사의 문화를 새롭게 배우고 익히기 전에 본인 성공이 정답이라고 생각하고 새로운 문화와 방식을 이해하지 못한 것이다. 지금 박 팀장에게 필요한 것은 유효기간이 지난 마음가짐과 행동을 비우는 일이다. 그리고 새로운 정보와 방식을 받아들이는 노력이 필요하다. 다음으로 중요한 것이 남았다. 실패도 감내할 수 있는 용기가 필요하다.

《커리지COURAGE》 저자 최익성은 '두려움은 반응이고 용기는 결정'이라고 말한다. 그러면서 "용기는 두려움과 붙어 있어 쉽지 않다. 그래서 시작하는 것이 중요하고 부딪혀야 한다"고 강조한다.[3] 막연한 환상을 가질 게 아니라 시작하는 용기를 가져보자.

체계가 없어도
너무 없어요

비교적 체계가 갖춰진 중견기업에서 10년 넘게 근무한 하선미 과장은 최근 스타트업으로 이직했다. 새로운 조직에서 신규 아이템을 구축하려는 하 과장의 부푼 기대감은 일주일도 지나지 않아 산산조각이 났다. 전 회사와 비교할 때 너무 체계가 없고 주먹구구식이었다. 문서로 정리해놓은 매뉴얼도 없고, 업무 관련한 데이터도 무엇 하나 제대로 정리되어 있지 않았다. 여기에 보이지 않는 텃세도 겪으면서 하차장은 스스로 하나부터 다 하려고 하니, 업무 속도도 나지 않고 하루하루가 죽을 맛이다.

온보딩

회사마다 독특한 체계와
문화가 있다

회전교차로는 신호등 및 신호 대기시간이 없어 교차로 통과시간이 단축된다. 한국교통연구원의 통계 조사에 따르면 교통사고 건수와 사상자 수가 또한 일반 교차로보다 훨씬 적다. 신호등이라는 체계 대신 운전자들의 자율적 판단을 맡긴 결과다. 회사는 규모가 크고 커질수록 온갖 신호등과 같은 규칙으로 구성원들을 통제하려 할 수 있다. 그래서 넷플릭스NETFLIX는 정해진 출퇴근 시간이나 근무 시간이 없다. 휴가와 경비에 관한 규정, 결재 승인 절차도 없다. 말단 직원도 자유롭게 의사결정을 하고 계약서에 직접 서명한다. 규칙이 없다는 게 규칙이라는 거다. 자칫 체계도 없고 무질서하게 조직이 운영되는 것처럼 보이지만 자유와 책임이라는 넷플릭스만의 독특한 문화, 즉 체계와 절차보다는 사람을 중시하고 능률과 통제보다는 혁신이 자리 잡고 있다고 할 수 있다.

세계 최대 헤지펀드 브리지워터 어소시에이츠를 보자. '헤지펀드의 대부'라고 불리는 레이 달리오가 창립한 회사다. 브리지워터 역시 가장 혁신적인 기업 가운데 하나라는 평가를 듣는다. 2005년부터 직원들에게 《Principles(원칙)》이라는 제목의 자필 안내서를 배포하고 필독하기를 권고하기도 했다.[4] 회사에서 일어나는 거의 모든 상황에 대처할 수 있는 212개 업무 원칙이 담겨 있다. 그는 회사를 운영하는 데 무엇보다 '원칙'을 고수하는 사람으로 유명하다. 지금까지 자신이 거둔 성공은 천재적 능력 때문이 아니라 원칙을 지킨 덕분이라고 말하기도 했다. 직원 누구나 그 내용을 다시 보며 체계적인 관점에서 일할 수 있는 체계를 탄탄하게 갖춘 회사다.

회사마다 다른 독특한 색을 가지고 있다. 이러한 색을 문화라고 할 수 있다. 새로운 회사에서 언러닝하기 위해 필요한 것은 회사의 색을 이해하는 일이다. 세상엔 다양한 사람들이 함께 어울려 살고 있지 않은가? 회사에서 공통된 가치나 원칙이 없다면 어떤 해로운 결과나 어려움이 발생할지 생각해보자. 특히 회사의 가치는 일할 때 어떤 것을 더 중요하게 생각하고 판단해야 하는 기준이 된다. 그래서 불필요한 소통 비용을 줄이고 행동의 일관성을 유지할 수 있게 해준다. 회사에서 옳다고 합의한 가치와 목표에 부합하게 결정하고 실행해야 한다. 모든 결정과 실행의 기준을 여기에 맞추면 나중에 문제가 생기더라도 뒷감당을 할 수 있다. 결

---

4 레이 달리오, 《원칙(PRINCIPLES)》, 한빛비즈, 2018

국, 회사의 색을 이해하는 일은 무조건적이고 획일화된 순응이 아니다. 회사의 가치와 목표를 향해 일하겠다고 방향성을 합의하는 일이라고 생각하자.

체계가 없으면 만들면 되고, 내가 만들면 새로운 근육이 생긴다

체계는 양날의 검이다. 체계가 있으면 업무 프로세스가 분명해지고 역할과 책임이 명확해지기도 하지만, 오히려 조직 민첩성을 떨어뜨리고 업무 비효율을 낳을 수 있다. 체계는 일정한 원리나 기준에 따라 짜임새 있게 조직화한 것을 말한다. 하 과장 사례에서 체계가 없다고 느끼는 이유는 크게 세 가지로 말할 수 있다. 업무 프로세스가 주먹구구식이기 때문이고, 역할과 책임R&R이 명확하지 않기 때문이다. 또한 필요한 자료가 한 곳에 정리되어 있지 않기 때문일 것이다.

과연 일에 대한 성과가 나지 않은 이유가 체계가 없는 회사에게만 책임이 있다고 할 수 있을까? 생각해보자. 아마도 누군가는 체계 없는(?) 회사에서도 충분한 성과를 내며 일을 하고 있을 테다. 체계가 있다 혹은 없다는 판단은 지극히 주관적일 수밖에 없다.

그래서 불평의 대상이 아니라고 생각해야 마음이 편하다. 내가 이미 몸담고 발을 들여놓은 이상, 회사의 체계는 몸에 익어야 하고 숨 쉬듯 자연스러워야 한다. 어디에 속해 있든지, 자신만의 업무 체계를 만드는 일에 에너지를 쓰는 게 현명하다.

하 과장이 체계적으로 업무를 처리할 수 있는 세 가지 팁을 소개한다.

첫째, 자신의 업무 공간을 정기적으로 정리 정돈해보자. 공간을 정리함으로써 책임감과 통제감이 생긴다. 자연스레 자신의 문제를 환경 탓이나 다른 사람 탓으로 돌리지 않는다. 또한 어수선함을 없애고 스트레스와 불평을 줄이는 데 도움이 된다.

둘째, 현재 주먹구구식으로 처리하고 있는 업무 영역의 히스토리 자료를 모아보자. 업무 영역 특성에 따라 카테고리화하여 '한눈에' 볼 수 있게 분류하고 관리하는 것이다. 모으는 과정에서 업무 내용을 보다 구체적으로 파악하고 익힐 수 있다.

셋째, 하루 단위로 해야 할 일을 계획해보자. 중요성과 우선순위에 따라 세부 업무 단위로 쪼개고 순서대로 처리해나간다. 하나씩 처리할 때마다 목록에서 지운다. 동기부여가 되어 효율적으로 많은 일을 처리할 수 있는 근육이 생긴다.

온보딩

불평만 하지 말고
JUST DO!

하버드대학 심리학과 교수로 재직했던 조던 피터슨은 《질서 너머》[5]라는 책에서 "남들이 책임을 방치한 곳에 기회가 숨어 있음을 인식하라"고 말한다. 회사에서 빠르게 인정받고 쓸모 있는 사람이 되고 싶다면 아무도 하지 않은 유용한 일을 찾아 해보는 것이다. 당신의 진가를 알아보고 인정할 것이다. 신경 쓰이는 작은 일부터 바로잡아 보자. 주어진 역할 이상의 책임을 한다면 보다 가치를 인정받을 가능성이 커진다. 직장 생활을 든든하게 지탱해주는 의미는 책임을 받아들이는 데서 나온다고 할 수 있다. 해야 할 일을 하나도 하지 않는 사람이 성취감과 행복감을 느끼는 경우를 본 적이 없다. 적극적으로 행동한다고 모든 문제가 해결되지 않을 수 있으나, 배움의 기회는 얻을 수 있다. 불평만 하지 말고 해보자. 아무것도 하지 않으면 아무 일도 일어나지 않는다.

1960년대 미국 조각가 솔 르윗Sol Lewitt은 동료 예술가인 에바 헤세Eva Hesse에게 편지를 썼다. 당시 에바 헤세는 슬럼프를 겪고 있었는데, 솔 르윗의 편지로 자신감을 회복하고 활발한 작품 활동

---

5 조던 피터슨, 《질서 너머》, 웅진지식하우스, 2021

을 이어 나가 주목받는 예술가가 되었다고 한다.

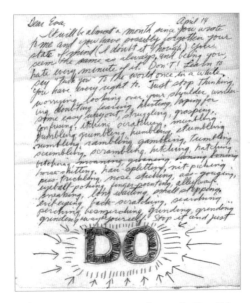

출처: MARIA POPOVA. Do: Sol LeWitt's Electrifying Letter of Advice on Self-Doubt, Overcoming Creative Block, and Being an Artist. https://www.themarginalian. org/2016/09/09/do-sol-lewitt-eva-hesse-letter/

"세상을 향해 가끔 'Fuck You'라고 말할 수 있을 줄 알아야 해.

넌 그럴 권리가 있어.

넌 좀 멍청해지는 연습을 해야 해.

바보같이, 생각 없고, 텅 빈 채로.

그럼 넌 할 수 있을 거야. 그냥 해!

멋있어 보이려는 생각 좀 버려.

너만의 볼품없는 모습을 창조하라고.

너만의, 너만의 세상을 만들라고.

그게 두려우면, 그것이 너를 돕도록 만들라고.

두려움과 불안에 대해 그려. 색칠해!

그리고 이제 그런 깊고 거대한 허상은 그만두라고.

네 능력을 반드시 믿어야 해.

네가 할 수 있는 가장 발칙한 짓을 보여줘.

너를 충격에 빠뜨릴 정도로.

너는 이미 어떤 것도 해낼 힘을 가지고 있단 말이야.

이 세상의 모든 짐을 지려 하지 마.

오직 네 일에만 책임이 있을 뿐이야.

그러니 그냥 좀 해.

그만 생각하고, 걱정하고, 뒤돌아보고, 망설이고, 의심하고, 두려워하고, 상처받고, 쉬운 길을 찾길 바라고, 몸부림치고, 헐떡거리고, 혼란스러워하고, 가려워하고, 긁고, 더듬거리고, 버벅거리고, 투덜거리고, 초라해하고, 비틀거리고, 덜거덕거리고, 웅성거리고, 걸고, 넘어지고, 지우고, 서두르고, 비틀고, 꾸미고, 불평하고, 신음하고, 끙끙대고, 갈고닦고, 발라내고, 허튼소리를 하고, 따지고, 트집 잡고, 간섭하고, 남에게 몹쓸 짓하고, 남 탓하고, 눈알을 찌르고, 손가락질하고, 몰래 훔

쳐보고, 오래 기다리고, 조금씩 하고, 악마의 눈을 갖고, 남의 등이나 긁어주고, 탐색하고, 폼재고 앉아 있고, 명예를 더럽히고, 너 자신을 갉고, 갉고, 또 갉아먹지 말라고.

제발 다 멈추고, 그냥 좀 해!"

경쟁사로 이직했더니, 자꾸 전 직장 얘기를 물어봐요

"전 직장에서는 주로 어떤 업무 하셨어요?"

"전에 다니던 회사에서는 고객관리를 어떻게 하죠?"

"전 직장에서는 휴가를 편하게 쓸 수 있는 분위기인가요?"

신규 입자자로서 전 직장과 관련한 질문을 받는 것이 매우 부담스럽다. 전 직장에 대한 정보를 물어보는 이유는 무엇일까? 첫째는 업무에 필요한 유용한 경쟁사의 정보나 자료를 얻기 위한 것이다. 둘째는 당신에 대한 관심과 호기심이다.

주지 말고 아는 척하지도 말자, 당신은 챗GPT가 아니다

박지우 대리는 A 커머스 회사에서 경쟁회사 H 커머스 회사로 이직했다. 업무에 적응하기도 전에 팀장님에게 이런 이야기를 들었다. "박 대리, 전 직장에서 데이터 분석 업무 했다고 했나요? 혹시 자료 가지고 있나요? 있으면 공유 좀 부탁드려도 될까요?"

새 직장으로 이직하는 과정에서 전 직장의 영업비밀을 유출한 혐의를 받는 대기업 직원이 재판에 넘겨진 사례다. 2023년 3월 한겨레 신문 '삼성바이오에서 롯데로 이직하며 영업비밀 유출한 직원 기소'라는 제목의 기사를 보자.[6]

삼성바이오 전 직원이자 현 롯데지주 직원인 K를 부정경쟁방지 및 영업비밀보호에 관한 법률 위반, 업무상 배임 혐의로 기소했다고 밝힌 것이다. K는 지난해 6월 삼성바이오에서 롯데지주로 이직하면서 회사 영업비밀 자료인 품질보증 작업표준서 등을 유출한 혐의를 받고 있다. K는 롯데지주로 이직한 뒤 롯데바이오 설립 등의 업무를 맡은

6　이승욱 기자, "삼성바이오→롯데 이직하며 영업비밀 유출한 직원 기소", 한겨레,
　 2023-03-23

것으로 파악됐다. 인천지검 관계자는 "아이티 전문가인 K가 자신의 능력을 이용해 삼성바이오 보안을 뚫고 영업비밀을 유출한 것으로 보고 있다."

어떻게 보면 회사에서 일상적으로 일어나는 사례이거나 이 책을 읽고 있는 당신의 사례가 될 수도 있다. 여기서 문제는 자료를 달라고 요청하는 팀장이 문제일 수도 있지만, 그 자료를 복사하거나 공유한 사람도 문제가 될 수 있다는 심각성을 가져야 한다. 기본적으로 직장인은 퇴직하고 싶은 시기에 언제든 퇴직하고 취업활동에 대한 자유를 폭넓게 보장받고 있다. 하지만 전 직장 정보를 무단으로 빼가는 행위 또는 사용하는 행위는 엄중한 법적 책임을 질 수 있다. 많은 회사에서 경쟁업체 취업금지 의무조항을 두고 있는 이유도 같은 맥락이다.

기억하자. 내가 아는 정보를 전달할 때 당장은 고마워하거나 칭찬을 들을 수 있지만, 그 마음은 오래가지 않는다. 오히려 다시 이직하게 되면 우리 회사 자료도 유출할 수 있는 사람이라고 낙인이 찍힐 수도 있다. 적당하게 둘러대고 빠지는 센스가 필요하다.

회식 괜찮은데?
소통 기회로 활용하자

자꾸 전 직장 얘기를 물어보는 이유가 당신에 대한 관심과 호기심이라면 관계 구축을 위한 계기로 삼으면 된다. 최근 이직한 최윤서 과장은 외롭고 단절감을 느낀다. 재택근무가 많아 문서도 전자결재로 하고 업무 보고도 메신저나 메일로 하다 보니, 동료들과 업무 외적으로 이야기하는 시간이 거의 없다.

최 과장은 회식을 기피할 이유가 없다. 아니, 적극 활용해야 한다. 사람은 개인적인 이야기를 나누면서 가까워지기도 한다. 회식을 업무의 연장으로 느낀다거나 부담스럽다고 생각할 수 있다. 하지만 적어도 회사 내에서 가깝게 일하는 사람들과는 너무 폐쇄적일 필요가 없다. 나를 표현하고 업무적인 노하우도 소소하게 나누는 시간으로 가지면 된다.

'회식을 하느냐, 마느냐'의 문제가 아닌 회식의 목적과 방식이 변화하고 있음을 먼저 인식하고 받아들이자. 회식은 더 이상 업무의 연장이 아니다. 과거 강제 참석과 음주를 강요하던 분위기와 달리 자유롭고 편한 분위기에서 다양한 장소에서 회식을 즐길 수 있는 문화가 확산되고 있다. 매일 회사에서 반복되는 일을 하다 보면 지루하고 답답함을 느낄 수 있다. 하지만 회식이라는 공간을

온보딩

활용하여 긍정적 도움을 주고받을 수 있는 관계 맺기와 소통 기회로 활용해보자. 인생 반전의 놀라운 기회는 사람을 타고 온다고 하지 않던가!

04 업무 요청을 해야 하는데
이어폰을 빼질 않아요

예능 프로그램 〈SNL 코리아〉의 'MZ오피스' 영상이 직장인들 사이에서 화제가 된 적이 있다. '업무 중 이어폰 사용'은 이전 세대와 Z세대가 갈등을 촉발하고 갑론을박이 이어지고 있다. 이어폰을 끼고 일하는 Z세대 후배의 모습을 보고 "업무 중에는 이어폰을 빼는 게 좋지 않냐"고 선배 직원은 지적한다. 하지만 돌아오는 후배의 대답은 "이어폰을 끼고 일을 해야 집중이 된다"는 것이다.

최근 이직한 장대한 씨는 30대 과장이다. 파트원 5명과 함께 팀의 파트 리더 역할을 맡고 있다. 장 과장은 후배가 이어폰을 끼고 노래를 들어도 '일만 잘하면 그만이지'라는 생각이 강했다. 하지만 몇 번을 불러도 대답하지 않는 상황이 몇 차례 반복되자 감정적으로 무시 받는 기분이 들었다. 업무 중에는 이어폰을 끼지 말라고 대놓고 말해야 하나? 아니면, 세대가 다르니 그냥 이해하고 넘어가야 하나? 고민이다.

의미 없는 신경전으로
소중한 시간을 낭비하지 마라

일부 기성세대는 Z세대를 기존의 가치 체계를 평가절하하고 사회적으로 무책임하며 문해력이 현저히 떨어지는 세대로 단정하거나 폄하한다. 반대로 일부 Z세대는 기성세대를 '꼰대' '틀딱' 등으로 부르며, 그들의 속물근성과 꽉 막힌 권위주의를 비판한다. 특히 'MZ오피스' 사례에서 Z세대 반응은 일부 사례를 가지고 단면만 과장함으로써 몹시 불편하다는 입장이다. 즉 MZ세대는 직장에서 '개념도 없고 사회성도 부족한 이기적인 존재'라는 낙인을 찍어 세대 전체에 대해 부정적 이미지를 조장한다는 우려 섞인 목소리도 많다.

선배가 후배에게 일을 가르치고 지적하는 것이 당연하다고 생각하는가? 통제하는 방식으로 일를 시키려고 하면 후배는 시키는 일만 하려 할 것이다. 회사 내 존재하는 위계질서를 부정하는 말이 아니다. 수준이나 단계의 차이는 있지만 회사 내 직급체계가 엄연히 존재하며, 그에 따른 업무와 책임의 영역도 명확히 구분되어 있을 것이다. 다만, 후배 위치에 있다고 해서 소극적·수동적으로 일하고 싶지 않다는 것이다. 내가 먼저 후배를 프로젝트 동료 또는 협업 파트너로 관점을 바꾸면 행동이 달라진다. '어떻게 서로 잘 합을 맞추면서 신뢰를 줄까'라는 고민으로 무게중심을 이동할 수 있다. 그렇다면 디지털 스킬에 능숙한 Z세대가 주도하는 흐름에서 그들이 중요하게 생각하는 가치가 '공정성, 합리성, 효율성, 투명성, 연결성'이라는 긍정 키워드로 새롭게 다가올 것이다.

품격 없는 피드백을
선의로 포장하지 마라

"내가 몇 번을 말하나, 업무 중에는 이어폰 빼라고!"
정말 후배의 귀에 박혀 있는 이어폰을 빼고 싶은가?

사람인이 2020년 직장인 979명을 대상으로 조사한 결과, 직장인들이 꼽은 최악의 젊은 꼰대 1위는 '자신의 경험이 전부인 양

충고하며 가르치는 유형(24.4%)'이 꼽혔다.[7] MZ오피스 다른 영상을 보면 이른바 '젊은 꼰대' 낙인이 무서워 어찌할지를 모르는 선배들의 모습이 많이 나온다. 아마도 이어폰을 빼게 하고 싶지만 젊은 꼰대라는 낙인이 찍힐까 봐 두렵기도 할 것이다. 그들이 이어폰 빼길 싫어한다고 협업이나 소통을 거부하는 건 아니다. 자신의 개성이나 심리적 공간을 존중받았으면 하는 마음이다. '젊은 꼰대는 더 사절'이라는 Z세대는 취약한 리더를 선호한다. '아, 저 사람도 그런 일을 겪고 있구나' 하고 공감과 심리적 안전을 얻을 수 있기 때문이다.

광고 전문가 박웅현은 어느 인터뷰에서 "상대방을 존중하고 북돋우며 동기부여를 해주면 그 사람의 가장 좋은 상태를 끌어낼 수 있어요. 그러면 결과물 자체가 달라져요"라고 말했다. 한 사람, 한 사람을 고유한 인격체로 존중하고, 어떻게 해야 그 사람이 나를 좋아할지 고민하는 게 공감의 핵심이라고 할 수 있다.

---

7 김예슬, "신입이 '아이스커피' 들고 출근…거슬린다 글에 '꼰대' 논쟁", 동아일보. 2023-02-23

상호 지원하고 협업하는
동료 관계로 전환해보자

누구나 사람은 존중받고 공감받고 싶어 하는 욕구가 있다. 장대한 과장은 칭찬도 하지 못하고 직원들을 인정하는 데 서툴렀다. 이유는 방법을 몰랐다. 한 번은 팀원에게 칭찬해야지 마음먹고 칭찬의 말을 했는데 "영혼 없는 칭찬은 듣기 싫어요"라는 말을 듣고 마상을 입었다. 방법은 간단하다. 그 사람 입장에서 생각하고 이해하는 것부터 시작해보면 된다. 왜 이어폰을 끼고 근무를 하지? 이어폰을 끼고 있다고 하면 어떻게 소통을 하고 대화를 나눠야 하는지 상대방 입장에서 이해하려고 관점을 바꾸는 거다. 또한 소통하기 전에 상대방에게 관심을 가지고 감사를 전하는 거다. 그러면 심리적 안전감을 주고 거리감을 줄일 수 있다.

《사랑받는 대화법》의 저자 조한겸은 "세대를 막론하고 누구나 사람이 인생을 살아가는 데 가장 중요한 요소가 관계이고, 관계를 이어주는 수단이 커뮤니케이션이에요. 커뮤니케이션 과정에서 공감 욕구가 충족되면 그 순간 마음과 마음이 연결되는 느낌이 들고, 더 깊은 관계로 나아갈 수 있어요"라고 말한다.[8]

온보딩

소프트랜딩 성공 노하우 전수:
도전

프로이직러 O 프로:
대기업에서 스타트업으로 도전

주먹구구식으로 일하는 모습이 가관이었어요. 열정만 가득하지 누구 하나 제대로 할 줄 아는 사람이 없더라고요. 동네 구멍가게도 아니고, 이건 아니다 싶어서 정확히 제 책임인 영역부터 개선해 나가야겠다 싶었죠. 즉시 일은 이렇게 하는 거라고 보여주고 싶은 마음이 굴뚝 같았지만, 꾹 참았습니다. 이전 회사에서 경력직을 한 명 받는데, 그분 들어온 이후 팀이 초토화됐거든요. 첫날부터 지적질을 시작하더니 전배 가기 전까지 난리도 아니었습니다. 툭하면 하는 말이 "여긴 원래 이렇게 일해요?", "여태 이렇게 했다고요?"였어요. 희한하게 이 말을 들으면 항변하기 바빴고, 굉장히 구차해지더라고요.

제가 이직하고 보니 그 사람이 왜 그랬는지 알겠더라고요. 유독 잘 보여요. 그리고 기저에 부담감이 깔려 있다 보니 빠르게 존재 감을 어필하고 싶은 거죠. 그래서 치명적인 문제점을 콕 집어내는 방식을 취하는 거예요.

하지만 잘 생각해보세요! 회사의 모든 것은 그것을 만들고 시 행한 주체가 있어요. 이슈를 깐 건데, 사람을 깐 격인 거죠! 대표 가 낸 아이디어일 수도 있고, 팀장이 제시한 프레임일 수 있다는 겁니다. 그렇다고 덮고 갈 순 없잖아요! 그래서 표현할 때 이렇게 합니다. "아마 제가 모르는 히스토리가 있어서 이렇게 구성했을 텐데, 이렇게 해보면 어떨까요? 아직 100% 파악하고 말씀드린 건 아니니 피드백 주세요"라고 마무리하는 방식으로 풀어가요.

일에 정답은 없지만 초기엔 제가 틀릴 확률이 높지 않을까요? 제안하는 솔루션이 달라지진 않지만 에티튜드 관리는 하는 거죠. 여태 일한 게 부정당하는 기분을 누가 좋아하겠어요. 괜히 그걸 자극해서 수용될 제안을 그르칠 필요는 없다고 봅니다.

온보딩

프로이직러 James:
글로벌 회사로만 이직 중

타고난 건지 길러진 건지 헷갈리지만 본능적으로 상대방을 관찰합니다. 어쩌면 생존을 위한 선택이 아니었나 싶은데, 제걸 주장하기보다는 일단 맞추고 들어갑니다. 생존을 위한 게 맞았겠네요. 조직문화보다 더 무서운 게 암묵지의 일하는 방식 아니던가요? 이게 비슷해져야 적응했다고 생각하는 경향이 있어요.

언론에서 급성장하는 회사로 주목하고 있어서 채용 급물살에 올라탄 건데, 오자마자 두 번 불려갔습니다. 한 번은 제발 70%만 완성해서 보자는 겁니다. 자주 보는 게 더 중요하다면서 하는 말씀이 수시로 방향이 틀어지고 있는데 애써서 했다가 허무하지 않겠냐고 합니다. 또 한 번은 파워포인트에 공들이지 말라는 것이었어요. 리소스가 부족한 상황인데 그런 곳에 시간 쓰는 사람을 극혐하는 분위기라네요. 2~3개월 텀으로 프로젝트에 몰입했던 회사에서 데일리로 쳐내야 할 일이 많은 곳으로 이동하니 죽을 맛이더라고요. 그래도 잘해보겠다며 매일 야근 중이었는데, 동료들이 얼마나 한심하게 봤겠어요. 오타 몇 개 섞여 있어도 내용 파악만 되면 아무도 문제 삼지 않아요. 메신저 중에 오타가 나도 절대 고치지 않고 엔터를 치더라고요.

나름 센스가 있다고 생각했는데, 워낙 속도가 빠른 조직이다 보니 한 스텝 늦는 거죠. 부리나케 동료한테 요청해서 메일 타입별로 토스해달라고 했습니다. 이제야 보이더군요. 계절 인사는 고사하고 인사말 한 줄 없이 바로 본론으로 들어가더라고요. 제가 여태 얼마나 뤘었을지 생각하니 아찔하던데요! 그러고 보니 어느 실장님이 메신저 할 때 자기 이름 부르지 말라고 하셨어요. 바로 메시지 보낸다고 무례하다고 생각하지 않으니 그냥 필요한 말을 하라더군요. 감이 잡혔어요!

　그래서 협업하는 채널별로 어떤 소통 타입을 선호하는지 파악했습니다. 직접 묻기도 했고요. 일단 자료 보내고 구두로 얘기하면서 발전해나가는 걸 좋아하시는 분도 있었고, 슬랙이나 노션을 통해서 히스토리 남기는 걸 중요하게 생각하는 분도 있었어요. 메일에 유독 사족을 안 붙이면 그 패턴을 그대로 따라 했습니다. 사람 심리가 본인과 닮아있으면 잘하는 것으로 보기 때문에 열심히 미러링해줬어요. 입사 동기가 뭘 그렇게까지 하냐고 핀잔을 주긴 했는데, 반기 평가에서 바로 보상이 돌아왔어요. 피어 피드백 항목 중에 '당신은 이 동료와 함께 일하고 싶으십니까?'라고 묻는 게 있는데, 부정 응답한 사람이 한 명도 없었거든요. 팀장님 격려와 함께 작은 선물도 받았는데, 기분 진짜 좋더라고요.

　　　　　　　　　　　　　　　　　　　　　　　온보딩

PART 6

불가능

◆

이 회사에 적응하는 건
불가능해 보여요

"너 진짜 복수 어떻게 하는 줄 알아?
네가 그들보다 더 나은 인간이 되는 거야.
널 무시하고, 널 차별하고, 널 걸러내고 그랬던 인간들이
떠들어대던 편견과 우려가
얼마나 개소리였는지 네 실력으로 증명하면 되는 거야.
너 세상 그것보다 통쾌한 복수 없다, 너."

— 드라마, 〈낭만닥터 김사부〉 —

마음에 안 드는 부서로 가라는데, 그만두어야 하나요?

충격과 혼란 그 자체였다. 신규 사업을 위한 TF팀에 합류한 지불과 6개월 만에 갑작스러운 부서 이동을 통보받았다. 회사의 미래를 위한 핵심 프로젝트로 여겨지는 이 팀에 합류함으로써, 새로운 도전과 성장의 기회를 느끼고 있었다. 그런데 갑작스러운 통보로 내 미래에 대한 불확실성이 밀려들었다. 더구나 기존 경력과 전혀 상관없는 부서로 이동하라는 것은 회사를 그만두라는 의미로 느껴졌다. '왜 이런 결정을 내리는 거지?' '애초에 이 팀에 합류하기로 한 결정이 잘못된 것인가?' 등의 의문이 머리를 지나갔다.

우선 진정하자

갑작스러운 부서 이동 통보! 더구나 원치 않는 부서로 이동이라니 너무 황당한 상황이다. 누구라도 붙잡고 하소연이라도 하고 싶다. 일단은 가족이든 친구이든 누구라도 붙잡고 이 상황에 대해 쏟아내자. 그리고 진정하자. 너무 잘 알고 있듯이 회사의 결정은, 특히 인사 명령은 번복되는 경우가 거의 없다. 이미 조직 내 여러 상황을 고려해 결정된 일이기 때문이다. 감정의 배출이 끝났다면 진정하고, 어떤 상황인지 냉정하게 생각해봐야 한다.

지금 회사는 신규 사업이 필요 없는 상황이다. 이유와 잘잘못을 떠나 회사 상황이 그렇게 된 것이다. 이런 상황에서 '어떻게 나한테 이럴 수 있어'라는 식의 접근은 감정의 소모만 더 커질 것이다. 탓하고 원망하는 시간을 보내는 과정에서 스트레스만 쌓이고, 남는 것도 없다. 본인에게 '선택권'을 준 것이 아니라면, 회사의 지시사항을 '거절'하는 것은 사실상 안 좋은 인식만 심어준다. 가장 효과적이고, 효율적으로 상황을 파악하는 길은 상사를 찾아가는 것이다.

정중하게 물어보자

부서 이동의 원인에 대해 인사팀에 물어볼 수도 있지만, 권하지 않는다. 인사팀은 사실상 '나'를 잘 모르기 때문이다. 약간의 과장을 보태자면, 나는 큰 충격과 혼란을 겪고 있는 상황이지만 인사팀은 그저 시스템과 평판에 의해 기계적으로 발령을 낸 것이다. 인사팀이 모든 직원을 상세하게 파악할 수는 없다. 부서배치는 1) 조직의 필요에 따른 결정과 2) 개인의 평판을 근거로 진행된다. 조직 필요에 따른 결정은 인사팀도 상세 배경까지는 파악하지 못하고, 명령에 따랐을 가능성이 크다. 개인의 평판은 결국 상사로부터 나온 평가가 대부분일 것이다.

인사팀보다 상사에게 물어야 하는 이유는 명확하다. 상사는 나와 직접적인 관계에 있기 때문이다. 더해서, 부서 이동에 대한 사유에 대해 더 정확하고 신뢰성 있는 정보를 갖고 있을 가능성이 매우 크다. 인사팀은 전반적인 인사관리를 담당하고 있지만, 부서 이동의 세부적인 사유와 배경을 정확하게 파악하기 어려울 수 있다.

'나'의 업무역량과 상태를 가장 잘 파악하고 있기 때문에, 부서 이동에 따른 나에게 주어진 역할과 가능성에 대해 조언해줄 수 있다. 힘들어할 '나'의 상태에 대해 이해하고 미안한 마음을 갖고 있을 가능성이 크기 때문에 적극적으로 설명해주고, 대안을 제시해줄 수도 있다. 상사는 가급적 도와주려 할 것이다.

중요한 것은 상사에게 '정중하게 묻는 것'이다. 자칫 감정적인 태도로 상사에게 따져 묻는 것은, 상황을 더 악화시킬 것이다. 결론이 어떻게 나든지 간에 일단 상사에게 문의할 때는 정중한 언어와 태도를 사용하는 것이 중요하다. 예를 들어 "괜찮으시다면, 편한 시간에 부서 이동에 대해 여쭤보고 싶은데 가능할까요?"와 같이 상사의 의사와 편안함을 고려한 문장이 좋다.

대화의 내용은 불만을 표출하기보다는 관심과 이해에 대해 이야기하는 것이 필요하다. 원인을 알고 더 자세히 파악하고 싶어서 문의한다고 말하는 것이다. 이렇게 하면 상사가 더 자세히 설명해줄 가능성이 크다.

불평이나 비난은 하지 않되, 불안이나 걱정을 느끼고 있다는 감정은 드러내는 것이 좋다. 상사가 더 공감하고 지원하려 할 것이다. 그리고 대화가 완료되면, 상사에게 원인에 대해 설명해주고 정보를 제공해준 데 감사 인사를 잊지 말자. 원치 않는 부서 이동이 당장 실패한 직장 생활로 느껴질 수 있지만, 끝은 아니기 때문이다. 현재 직장 생활을 유지하든지, 그만두든지 선택하는 것과 관계없이 상사의 평판은 따라다닐 것이기 때문이다.

"갑작스러운 변화에 불안하고 걱정스러운 마음이 컸습니다만, 충분히 설명해주신 덕분에 상황에 대해 이해할 수 있었습니다"라

온보딩

는 감사 메일을 보내보자. 상사는 약간의 빚을 지는 느낌을 갖고, 계속적인 지지자로 남아줄 것이다.

의외로 기회일 수 있다

상사와 면담을 통해, 인사 발령의 진실을 알게 되었다면, 다음의 할 일은 내 마음 정리하기다. 자신의 의지와 상관없는 이동에 대한 서운한 마음을 빨리 버리는 것이 좋다. 그런 서운한 마음으로 새로운 부서 사람을 대한다면 좋지 않은 인식만 남기는 것이다. 새로운 부서에서 다시 내 능력을 보여주면 될 문제이다. 대기업이건 중소기업이건 회사에서 자기가 하고 싶은 일만 하는 경우는 거의 없다. 선입견을 갖지 않는다면 이것은 의외로 기회일 수 있다.

이커머스 회사 5년 차 PM인 김경수 씨는 기획자로 직무 경력을 차근차근 쌓고 있는 중이다. 어느 날 갑자기 데이터 분석팀 인력이 부족하다는 이유로 차출되어 부서 이동을 하게 되었다. 전공과도 상관없고, 직무 경험도 전무하여 불안과 두려움이 컸지만, 이 변화를 성장의 기회로 삼기로 마음먹었다. 데이터 분석에 필요한 지식이라면 회사 교육은 물론, 온라인 영상과 관련 서적으로 스스로 학습하는 시간을 가졌다. 점점 익숙해지면서 할 수 있다는 생각과 함께, 부서원들과의 소통에도 자신감이 붙었다. 결과적으로, 부서 이동을 통해 기술적인 면에서도 데이터 분석 역량을 향상하고, 팀원들과 협력과 소통 능력을 강화했다. 현재는 기존 프로그램 기획 업무역량에 데이터 분석 능력을 통합하여 더욱 다양한 프로젝트를 성공적으로 수행하며 조직에 더 큰 가치를 제공하고 있다.

김경수 씨와 같이 갑작스러운 부서 이동을 통보받았지만, 적응하고 성공적으로 대처할 수 있는 상황은 다음의 5단계로 생각해 볼 수 있다.

1단계: 불가피한 변화에 대한 이해

초기에 부서 이동에 대한 감정적인 반응과 불안함을 인식했다. 하지만 시간이 지남에 따라 변화가 회사의 전략과 성장을 위해 불가피한 결정임을 이해하게 되었다. 이를 통해 감정을 이해하고, 이전 부서와 새로운 부서 간의 차이점을 인지했다.

2단계: 지지를 받아내는 능력

동료들의 지지와 긍정적인 영향력에 의해 감정적으로 안정되어 갔다. 동료들은 노력하는 모습을 지지해주었고, 변화에 대한 긍정

온보딩

적인 측면과 기회를 공유했다.

3단계: 적응과 효과적인 대처

새로운 부서로 이동하며 필요한 역량을 강화하기 위해 노력했다. 새로운 도전과 업무를 수용하고 배우면서 적응해갔으며, 부서 내 팀원들과 원활한 협력을 구축하기 위해 노력했다. 이전 역량을 살려 새로운 업무에 적극적으로 참여하고 성과를 이뤄냈다.

4단계: 긍정적인 마인드

부서 이동을 긍정적으로 바라보는 마인드를 갖고 있다. 새로운 환경에서의 성장과 발전의 기회로 인식하며, 자신의 역량을 발휘하고 성공적으로 적응해나갔다. 이러한 긍정적인 마인드는 변화에 대한 대처력을 키워준다.

5단계: 성공적인 적응의 결과

앞의 단계를 거쳐, 갑작스러운 부서 이동에 대한 적응을 성공적으로 이뤄냈다. 시간이 지남에 따라 불안과 걱정이 줄어들고, 새로운 부서에서 업무적인 성과를 이뤄내며 조직 내에서의 지위와 신뢰를 획득했다. 긍정적인 적응은 조직 내에서 성공과 적극적인 기여로 이어졌다.

02 성과에 대한 압박이 커요

"김 팀장, 기대가 너무 높았나 봐요. 지금쯤이면 실력이 나올 줄 알았는데…."

영업이라면 누구보다 자신 있었던 10년 차 김 팀장은 6개월 전 동종업계 신생 회사로 스카우트되어 이직했다. 10년 경력 동안 업계에 대한 파악은 물론, 김 팀장은 신뢰하는 고객들도 많았기에 회사에서 자신을 모셔가는 일은 당연해 보였다. 그런데 지금 회사로 스카우트해온 임원의 한마디에 순간 멍해지며 어떤 말도 대답하지 못했다.

'이제 6개월 차 아닌가. 물론 눈에 띄는 성과를 보여주진 못했

지만, 이제 워밍업 단계라고 생각하고 열심히 밭을 가는 중이었는데…'

"이사님, 저는 아직 시간이 필요합니다. 이제 비로소 팀을 세팅했고, 영업 전략을 정리했습니다. 너무 급하신 것 아닌가요?"

"김 팀장, 내가 김 팀장을 스카우트해온 이유는 업계 경험이 풍부한 점이었어요. 당장 실적을 내는 것이 중요한데, 아직도 시간이 필요하다면 나도 곤란해요."

결국 김 팀장은 이직 7개월 차, 전 직장으로 돌아갔다. 기대보다 역량이 부족하다는 뒷말을 남긴 채. 무엇이 문제였을까?

경력직 입사자에게 회사는 대부분 바로 성과를 보여주기를 원한다. 일정 시간이 지나도 회사가 원하는 수준의 성과가 나오지 않는다고 판단되면, 압박이 느껴지기 시작한다. 특히 전 직장에서 높은 성과를 기반으로 스카우트된 경우라면, 큰 성과를 가져다주기를 바라는 기대치는 매우 높을 것이다. 시간이 지나며, 성과에 대한 기대가 의문으로 바뀌고, 압박으로 느껴지는 것도 한순간이다. 그런 타이밍이라고 느껴진다면….

우선 판단하자, 냉정하게.
정말 능력 부족인가?

그렇진 않을 것이다. 회사가 직원을 채용했을 때는 반드시 이유가 있다. 특히, 과거 성과를 기반으로 이직한 상황이라면, 충분히 역량에 대해 검증된 상황인 것이다. 다만, 환경이 달라지고, 기대치가 높아졌을 뿐이다. 더구나 열심히 일하지 않은 것도 아닐 것이다. 빠르게 성과를 증명하기 위해, 예전 회사보다 더 열심히 일했을 것이다.

열심히 했는데, 왜 바로 성과가 나지 않았을까에 대한 이유는 '시간'에 있다. 주어진 시간이 아직 충분하지 않았고, 나 역시 서둘렀기 때문이다. 피터 드러커는 열심히 일하는 사람이 성과를 올리지 못하는 이유에 대해 세 가지로 말했다.

첫째, 그 일에 필요한 시간을 과소평가하기 때문이다. 모든 일이 제대로 진행될 것이라고 기대하지만, 아무 문제 없이 제대로 진행되는 일은 없다. 예상치 못한 일은 언제나 일어난다. 예상치 못했던 일이 일어난다는 사실만 확실히 예측할 수 있다. 목표를 달성하기 위해서는 필요한 시간 이상으로 여유 있게 일정을 잡아야 한다.

온보딩

둘째, 성과가 떨어지는 이유는 서두르는 경향이 있기 때문이다. 그래서 오히려 일이 늦어진다. 목표를 달성하는 경영자는 시간과 경쟁하지 않는다. 편안한 속도를 유지하지만, 꾸준히 계속한다.

셋째, 여러 일을 동시에 추진하려고 하기 때문이다. 그 결과, 자신이 계획한 일 가운데 무엇도 시간을 내지 못한다. 추진하던 여러 일 가운데 하나라도 문제가 생기면 거의 모든 계획이 한꺼번에 무너지고 만다. 목표를 달성하는 사람은 자신이 맡은 일을 성공적으로 완수해야 한다는 것을 안다.

피터 드러커의 조언을 바탕으로 생각해보면, 결국 '능력 부족'이 아닌 '시간'의 문제로 생각할 수 있다. 일의 성과를 낼 만큼 충분한 시간이 지나지 않은 것이다. 충분한 시간에 대해 다시 고민해보면, 내가 아직 시간이 더 필요하다는 것을 설명하지 못했다는 것으로 해석할 수 있다. 누구에게? 나의 상사에게. 상사에게 내가 아직 시간이 필요하다는 것이 설득되지 않았다는 것은 곧, 상사의 신뢰가 부족하다는 것을 의미한다. 내 능력이 문제가 아닌 상사와 신뢰 문제일 가능성이 매우 크다는 것이다.

주문을 외워 보자,
"조금만 기다려!"

성과 압박을 하는 상사에게 더구나 나를 신뢰하지 않는 상사에게 기다려달라고 말하기는 쉽지 않다. 상황을 회피하는 것처럼 보인다는 두려움이 있기 때문이다. 그럼에도 불구하고, 주문처럼 말해야 한다.

"조금만 기다려주세요."

그저 상황 회피가 아닌 것처럼 보이기 위해서는 현재 업무 상태와 이유에 대해 명확하게 덧붙이면 좋다.

"원하시는 결과를 보여드리기 위해 최선을 다하고 있습니다. 그러나 현재 상황에서 조금 더 시간이 필요합니다. 중요한 부분은 거의 완료가 되었으나, 몇 가지 추가 확인이 필요한 사항이 있습니다."

성과에 대한 구체적인 목표를 그려서, 상사에게 보고하는 것이 중요하다. 그리고 최대한 그 업무에 집중에서 해결하려는 모습을 보여주면 된다. 중요한 일이 아닌 다른 것들에 매몰되지 말고, 업무 우선순위를 명확히 해서 진행하는 것이다.

이 과정을 통해 업무 역량에 대한 상사의 의문점을 해소하는 것이 가장 좋지만, 궁극적으로는 상사와 신뢰의 시간을 쌓는 것이

온보딩

필요하다. 나를 신뢰하지 않는 상사와 일하기는 쉽지 않다. 상사가 나를 인정하는 직장 생활과 그렇지 않은 직장 생활의 차이는 크다. 나를 인정하게 만드는 근본 원리는 '신뢰'이다.

신뢰를 얻기 위해서는 1) 일에서 크고 작은 성공을 쌓고, 2) 성실과 충실을 통해 믿을 만한 모습을 보이고, 3) 인간적인 친밀감을 쌓아나가는 것 외에 길이 없다.

첫째, 일의 성공을 통해 상사의 신뢰를 얻는 일이 가장 핵심 요소이다. 큰 성과면 좋겠지만, 작은 성공이라도 지속적으로 쌓아나가는 것도 효과가 있다. 예를 들어 프로젝트 진행 중 문제를 발견했을 때, 상사에게 문제 보고만 하기보다는 부서원들과 상의하여 해결방안까지 마련해서 간다면, 상사의 신뢰는 높아질 수 있다.

둘째, 책임의식을 갖는 태도가 필수적이다. 약속한 일정과 업무를 지키는 것은 당연한 일지만, 더 나아가 적극적인 태도를 보이는 게 필요하다. 예를 들어 배정받은 모든 프로젝트에 대해 매번 하루 정도는 일찍 보고해보자. 수정해야 할 부분에 대해 상사도 여유 있게 피드백할 수 있고, 늘 성실하게 업무를 수행한다는 믿음도 쌓여간다.

셋째, 일의 성과보다 상사와 신뢰를 좌우하는 핵심은 인간적인 친밀감이다. 상사에게 아부하라는 말이 아니다. 친구 관계에서도 어쩌다 한 번씩 만나는 친구보다 매일 톡 하는 친구와 더 할 얘기가 많지 않은가. 상사도 마찬가지다. 자주 소통하고, 관심을 표현하면 신뢰를 쌓는 시간을 줄이는 데 효과를 줄 것이다.

일의 태도를
바꿔보자

성과에 대한 부담은 조직에 속해 있는 사람이라면 누구나 피해 갈 수 없다. 이것에 대한 근본적인 해결은 결국 일에 대한 태도를 바꿔보자. 신수정의 《일의 격》[1]이라는 책에 이런 내용이 있다. 어떤 사람은 비범한 일도 평범하게 만드는데, 어떤 사람은 평범한 일도 비범하게 만든다. 일 자체가 평범하거나 비범하다고 여겨서는 안 된다. 일하는 태도가 평범과 비범을 나눈다. 평범한 일을 비범하게 만드는 것은 남을 위한 것이 아니고 자신의 가치를 높이는 것이다.

타인으로부터 시작된 동기부여는 가짜이다. 내가 나의 일을 정의하고, 의미를 부여할 때 진짜 일이 시작된다. 일의 종류와 범위

---

1 신수정, 《일의 격》, 턴어라운드, 2021

가 비슷해도 경쟁력 있는 사람들은 일의 태도가 다르다. 매일 단순한 데이터를 수집하는 업무를 쳤다고 해보자. 이 업무를 대하는 사람들을 태도에 따라 세 부류로 나눌 수 있다. 가장 일반적으로는 매일 주어진 양만큼 반복해서 업무를 진행하는 사람이다. 일부는 매일 단순한 업무만 반복하는 것에 대해 불만을 토로하는 사람도 있다. 그리고 남다른 누군가는 데이터 수집을 좀 더 효율적으로 할 수 있는 방안을 고민하고, 업무 효율성을 개선하는 제안을 한다.

이쯤에서 한번 '나는 어떻게 일하는 사람인가?'라는 생각을 해보자. 내가 일을 대하는 태도를 고민할 때는 다음의 사항을 체크해볼 수 있다.

☐ 목표와 의미: 나의 일에 대해 명확한 목표와 의미를 가지고 있다.

☐ 긍정적인 마음: 어려움에도 긍정적으로 접근하고 해결하려는 자세를 가지고 있다.

☐ 자기 주도성: 스스로 주도하여 업무를 처리하고 책임감을 가지고 있다.

☐ 성장과 개선: 발전을 위해 노력하고, 새로운 것을 배우기 위한 의지가 있다.

☐ 문제 해결: 문제가 발생했을 때, 적극적으로 해결하고 책임을 진다.

☐ 협업과 지원: 동료들과 협력하며, 동료의 업무를 지원하는 문화를 만들고 있다.

☐ 일의 가치: 이 일의 가치에 대해 알고 있고, 내가 하는 일이 가치를 올리는 데 기여하고 있다.

성과는 결국 내가 하는 일이 가져다주는 결과다. 지속 가능한 스스로 동기를 찾는 것이 중요하다. '내가 이 일을 왜 하는가?'라는 질문에 답을 찾아보자.

03 저만 아직
적응 중인가요?

영화 〈엘리멘탈〉은 불, 물, 공기, 흙 4개의 원소가 살고 있는 엘리멘탈 시티가 배경이다. 주인공 '앰버'는 불 원소로, 태어나서 이제까지 불 원소들이 모여 사는 파이어타운을 벗어난 적이 없다. 가업인 가게가 폐업될 위기로 인해 파이어타운을 벗어나 도심으로 이동한 순간, 파이어타운에서 누구보다 씩씩하고 적극적이던 앰버는 다른 원소들을 피해 조심스럽게 이동해야 하는 이방인이 되어버린다. 불에 닿으면 물, 공기, 흙은 타버리기 때문이다.

갑자기 이런 생각이 들 때가 있다. 이 조직에서 나만 이방인 같은. 업무 보고 전에는 어떤 피드백을 받을지 두근거리고, 점심시간이 되면 여전히 누구와 먹을까 고민하게 된다. 비슷한 시기에 입사한 동료는 처음부터 이 조직과 한 몸인 것 같은데, 나만 아직 조직에 흡수되지 못했다는 생각이 들면 직장 생활이 재미없게 느껴진다.

잡담을
활용해보자

시간이 지났는데도 여전히 조직에 적응하지 못한 것 같다면, 너무 어렵게 해결 방법을 찾지 말고 잡담을 활용해보자. 잡담을 쓸데없는 가십거리나 나누는 대화라고 생각하지 않아도 된다. 잡담은 동료와 편하게 나누는 일터의 대화이다. 가벼운 주제로 시작한 이야기가 때로는 일을 더 잘하기 위한 아이디어로 이어지게 된다.

일하면서 어떻게 업무 얘기만 하겠는가? 같이 일하는 직원들과 커피 한잔 마시면서, 주말엔 뭐할지, 회사 근처 새로 생긴 식당은 어땠는지 등을 얘기하다 보면, 자연스럽게 그 사람의 관심사와 감정 상태에 대한 정보를 알게 된다. 업무 외 다른 이야기를 하는 행동을 그저 논다고 생각하지 말자. 정서적 교감을 통한 유대 관계

온보딩

는 상대에 대한 신뢰로 이어질 수 있다. 혹여 잡담이지만 상대방과 대화를 이어 나가는 것 자체가 불편하다면, 그저 상대방이 하는 말에 약간의 미소를 띠고 고개만 끄덕여도 된다. 상대방은 당신이 자신의 얘기에 흥미 있어 한다고 생각하고, 더 많은 이야기를 해줄 것이다.

데일 카네기는 《인간관계론》[2]에서 사람들이 당신을 좋아하는 방법 중 하나로 '웃어라'고 얘기한다. 웃고 싶지 않다면 첫째, 억지로 웃어라. 둘째, 이미 행복한 사람인 척 굴어라. 행동이 감정을 따르는 것 같지만 사실 행동과 감정은 같이 간다. 따라서 자신의 의지로 통제할 수 있는 행동을 조절하면 직접적인 통제가 불가능한 감정도 간접적으로 통제할 수 있다. 철학자 앨버트 허버드의 현명한 충고를 꼼꼼히 읽어보라. 하지만 읽기만 하고 충고를 실천에 옮기지 않는다면 아무런 도움이 되지 않는다. "문밖을 나설 때마다 턱은 당기고 머리는 높이 세우고 가슴을 최대한 부풀려라. 햇살을 들이켜고, 미소로 친구들을 반기고, 영혼을 담아 악수를 나눠라. 사람들이 당신을 오해할까 두려워하지 말고, 적들을 생각하느라 일 분 일 초도 낭비하지 마라."

---

2   데일 카네기, 《인간관계론》, 현대지성, 2019

'내 일'에 집중해보자

《인간관계론》의 다른 장에는 이런 내용이 있다. 주변에 있는 누군가를 변화시키고 개선시키고 싶은가? 그럼 그렇게 하라. 좋은 생각이다. 나도 적극 찬성이다. 그런데 그것에 앞서 자신을 먼저 개선하는 게 어떤가? 순전히 이기적인 관점에서 보더라도 남을 개선시키는 것보다 자신을 개선하는 것이 훨씬 더 수지가 맞는 일이다. 또한 훨씬 덜 위험한 일이기도 하다. 데일 카네기는 남이 바뀌는 것보다 개인 스스로 바뀌는 게 훨씬 속 편하다고 조언한다. 스스로 변화의 필요성을 느끼고 바뀌는 것이 훨씬 가볍게 움직일 수 있기 때문이다. 그렇다. 개인 스스로 바뀌는 게 더 빠르다. 시간이 지나도 여전히 조직이 어색하고, 적응하는 데 부담을 느낀다면 잠시 남들에 대한 고민을 내려놓고 '내 일'에 집중해보자.

일은 크게 네 가지로 나눌 수 있다. 1) 남들도 할 수 있는데 나도 잘하는 일, 2) 나만 할 수 있고 내가 잘하는 일, 3) 남들은 할 수 있는데 나는 못 하는 일, 4) 나만 할 수 있는데 내가 못 하는 일이다. 최고의 전략은 '나만 할 수 있는 일'에 초점을 두는 것이다. 그런데 현실에서 대부분은 '남들이 할 수 있는 일'에 관심을 둔다. 2), 4)번에 주력해야 하는데, 1)과 3)번에 신경이 쓰인다.

신임 한정민 부서장은 시스템 운영 부서를 맡고 있다. 평소 극내향적인 성격으로 커뮤니케이션 역량에 대해서는 좋은 평가를 받지 못했지만, 시스템 운영에 대한 성실함과 꼼꼼한 일처리를 인정받아 리더로 임명되었다. 시스템 운영 업무는 매일 반복적인 업무 체크가 필수였고, 시스템 운영 업무에서 오류가 생기면 전체 부서 업무가 멈추는 위험 요소가 큰 업무였다. 부서장 발령으로 타 부서와 주요 회의 참석이 많아진 한정민 부서장의 고민은 자신의 내향성 때문에, 자신과 부서의 역할이 눈에 띄지 않는다는 것이었다.

한정민 부서장이 지금 해야 할 일은 무엇일까? 갑자기 성격을 외향적으로 바꿀 수는 없는 노릇이다. 시스템 운영 업무만으로도 할 일이 쌓였는데, 갑자기 대단한 새로운 기획을 만드는 것은 불가능하다. 본인이 왜 부서장으로 임명되었는지 생각해보면 답은 명확하다. 시스템 운영부서는 매일 실수 없는 업무 체크를 실수 없이 수행했기 때문이다. 실수 없는 업무 수행에 집중하고, 위기 관리에 대응할 수 있는 시스템을 업그레이드하는 것이 현재 집중해야 할 '내 일'인 것이다.

조직은 경직되어 있고, 시스템으로만 돌아가는 것 같지만, 일 잘하는 사람에게는 한없이 관대한 것도 조직이다. 조직에 있는 사람도 마찬가지이다. 일 잘하는 사람, 내가 일하는 데 도움이 되는 사람이라면, 그 사람이 정말 빌런이 아닌 이상, 자연스럽게 그 사람 주변으로 모여든다. 여전히 이방인 같은 이 조직에 누구와 어떤 대화를 나누어야 하나, 시간이 지나도 해결 방법이 보이지 않는다면 잠깐 내려놓고, '내 일'에 집중해보길 제안한다.

사실은
남들도 적응 중

이쯤 되면, 적응하지 못하는 내가 문제인가라는 생각이 들 수 있다. 아니다. 사실은 남들도 여전히 적응 중이다. 다만 들키지 않았을 뿐.

최근 많은 회사가 '온보딩' 교육에 힘쓰고 있다. 신입사원뿐만 아니라 경력직 입사자에게도 '온보딩' 교육을 필수로 진행한다. 그만큼 새로운 조직에 적응하는 것이 어렵고, 교육을 통해서라도 적응에 필요한 시간을 줄이는 데 도움을 주려고 하는 것이다.

김동률의 신곡 '황금가면' 뮤직비디오를 본 직장인이라면 누구나 한번은 울컥했을 것이다. 가수는 '어릴 적 승리와 정의를 위해 적을 무찌르던 동심은 온데간데없고, 세상이 정해준 역할에 적당

히 만족하며 살아가는 직장인의 자괴감'을 표현했다고 한다. 누구
나 다 똑같다. 어른이 된다는 건, 직장인이 된다는 건, 남들도 다
똑같이 이런 거라는 공감을 보낸다.

"그때 나는
의기양양 황금가면이었지.
그렇게 시간은 흘러 흘러갔고
세상이 말하는 그 정답이 너무 어려워
아무리 애써도 사라지는 그 시절의 내 꿈들은
어디로 갔을까 당최"
— 김동률, '황금가면' 중

04 엑소더스,
출구전략은 어떻게?

"회사… 또 옮겨? 말아?"

새로운 직장에 성공적으로 이직을 했으나 이직 후 후회하는 직장인은 많다. 이직을 경험한 직장인 907명 중 56.6%가 이직을 후회한다고 한다(동아일보, 2021년 6월 5일). 이직을 후회한 이유는 '기업이 생각보다 부실해서(51.7%)'라는 응답이 가장 많았고 '연봉 등 조건이 기대에 못 미쳐서(42.5%)', '업무 내용이 생각과 달라서(38.4%)', '워라밸이 안 돼서(25.5%)', '조직원들과 맞지 않아서(23.4%)', '기업 문화에 적응하기 어려워서(22.6%)' 등이다. 이로 인해 이직을 후회한 직장인 중 66.5%가 퇴사했으며, 대부분 1년을

온보딩

채우지 못하고 평균 7개월 이내에 퇴사를 결정했다. 성급한 이직은 후회를 낳는다.

감정이
이직되지 않게

감정만으로 충동적인 이직을 결정하면 안타까운 결과를 초래할 수 있다. 새로운 직장에서 다시금 이직을 고려할 때 가장 중요한 것은 감정이 이직이 되지 않게 한다. 이직을 고려할 때 감정적으로 행동하지 않으려면 합리적이고 전략적인 사고방식으로 접근하는 것이 중요하다. 이를 위해 고려해야 할 핵심 요소는 다음과 같다.

이직 사유를 구체적으로 분석하라
새로운 직장에서 이직하고 싶은 근본적인 이유를 분석한다. 내 마음에 들지 않는 것이 무엇인지를 명확하고 구체적으로 파악한다. 퇴사 전, 다음 체크리스트로 점검해보자.

<퇴사하기 전 체크리스트>

- 심리적으로 무너졌는가? (우울증, 불면증 진단)
- 3, 5, 7년 차인가?
- 사람(상사, 동료) 때문에 퇴사를 결심하는가?
- 더 좋은 기회가 생겨서 퇴사하는가?
- 최소 1년 이상 준비한 퇴사인가?
    - 지원하려는 분야의 필살기는 완성했는가?
    - 여러 기업을 충분히 조사하고 지원해봤는가?
    - 이직 후 지금 위치보다 월등히 나아지는 것이 있는가?
- 매슬로 욕구 5단계에서 4단계 이상의 이유를 설명할 수 있는가?
    - 4단계: 존경의 욕구 ⇨ 엣지 있는 프로젝트 기회
    - 5단계: 자아실현의 욕구 ⇨ 커리어 골$^{career\ goal}$로 가는 과정
- 다시 생각해도 후회하지 않을 자신이 있는가?

출처: 퇴사한 이형, '진짜 퇴사해야 할 때', 2021-12-23, https://www.youtube.com/watch?v=28TeOtIVVsE

솔직하게 스스로를 점검해보았는가? 지금 회사가 싫어서 회피하는 것이 아니라, 내가 새로운 곳에서 도전해보겠다는 확신을 가지고 퇴사해야 한다. 그래야 다음 이직한 곳에서 적응이 어려워도 후회가 없다.

온보딩

내가 해결할 수 있는가? 다른 사람이 해결할 수 있는가?

이직 사유는 다양하다. 업무 과다, 낮은 연봉, 상사 또는 동료와의 갈등, 직무 불만족 등 많은 이유가 존재한다. 이직 사유를 구체적으로 분석해서 원인이 파악되면 이 문제가 통제 가능하고 해결 가능한지 파악한다. 문제를 해결하기 위해 내가 시도할 수 있는 것은 무엇인가? 새로운 시도를 위해 내가 노력할 것은 무엇인가? 이러한 노력을 통해서도 해결되지 않는다면 다른 사람의 도움을 받을 수 있는가? 다른 사람은 상사, 동료 등 나와 이해관계자는 모두 해당한다. 나의 노력과 다른 사람의 노력으로도 해결되지 않는다면 이직에 한 발짝 가까워졌다.

현재 직장의 기대 목표와 경력 목표를 다시 점검해보자

현재 다니는 직장으로 이직을 결심했을 때 생각했던 기대가 있을 것이다. 현재 직장에 어떤 기대를 가졌는지 재점검한다. 현재 직장에 대한 기대 목표가 현재 내가 가진 문제를 극복하면 이룰 수 있는 것인지 파악해보자. 내가 가지고 있는 문제와 현재 직장에 대한 기대 목표를 저울질해본다. 현재 직장에서 이루려는 나의 경력 목표가 있을 것이다. 내가 최종적으로 이루고자 하는 경력 목표에 현재 직장이 도움이 되는지 재점검해본다. 두 가지 모두 이룰 수 없다면 이직에 한 발짝 더 가까워졌다.

장단점 리스트를 작성한다

완벽한 직장은 없다. 현재 직장에 머무르는 것과 새로운 직장으로 옮기는 것의 장단점 리스트를 작성해본다. 여기에는 이직을 고려했을 때 발생할 수 있는 기회비용, 시간, 실직 시 리스크를 모두 작성한다. 장단점 리스트를 작성하는 것은 각 옵션의 잠재적인 이점과 단점을 객관적으로 평가하고 균형 잡힌 결정을 내리는 데 도움이 된다. 현재 회사 및 직무 장단점, 이직할 회사에 대한 기대와 우려를 아래 샘플을 참고하여 작성해보자. 직접 손으로 써보는 것과 안 쓰는 것은 생각 정리에 큰 차이가 있으니 꼭 써보라.

현재 회사에 대한 직무 장단점

장점	단점

1. 사내 네트워크와 좋은 평판
2. 직급에 비해 자율성이 큼. 주도적으로 일할 수 있음
3. 복지가 나쁘지 않고 실제 활용 가능
4. 워라밸이 좋음. 사람들이 괜찮음
5. 당장은 나름대로 안정적임
	1. 사양산업. 회사 비전 없음
	  : 회사 실적이 외부 요인에 따라 심하게 영향을 받음
	2. 은퇴 후 할 수 있는 게 없어 보임
	  : 장기 근속 보장도 없음
	3. 커리어 개발이 어려움
	  : 수년간 일했음에도 전문성이 쌓이지 않음. 전문성을 쌓기 위해 단계가 필요하나 주먹구구식으로 인력을 투입함 회사가 직원 경력개발에 관심이 없음
	4. 승진이 누락되는 경우가 많음
	5. 직무가 분산되어 있음
	  : 회사에서 a, b 직무 두 개를 모두 하는 실무자가 나뿐임. a 업무는 루틴한 업무라 경력에도 도움이 안 됨

기대	우려
1. 해당 업계/직무 특성상 사업에 대해 전반적으로 넓고 얕게 배울 수 있음. 나중에 회사를 나가도 스스로 할 수 있을 것이 생길 것으로 기대 2. 사양산업 탈피 3. 연봉 상승에 따른 만족감 4. 분위기가 좀 더 역동적이고 진취적 5. 업무가 명확해져 감정 위축 감소 및 자존감 상승 6. 새로운 환경에서 시작한다는 리프레시	1. 새로운 업무에 대한 불안감. 경력으로 입사했는데 인정을 받지 못할까 걱정됨 2. 현재까지 쌓은 경력이 무의미해짐. 직무 계속 변경되어 전문이라고 내세울 수 있는 직무가 없을 것 같음 3. 경력직이라 향후 관리자가 될 수 없을 것 같음 4. 인간관계를 잘할지 걱정. 현 직장에 적응할 때 상사 때문에 굉장히 힘들었음

출처: 전준하, "옮겨? 말아? 이직을 고민 중이라면", 인터비즈, 2020 https://blog.naver.com/businessinsight/221951622983

외부에 객관적인 조언을 구한다

과거에 이미 지불한 후 되찾을 수 없는 비용을 '심리적 매몰비용 오류Sunk cost fallacy'라고 한다. 사람은 자기가 들인 노력과 비용을 쉽게 잊지 못한다. 매몰비용 오류는 이직할 것인가? 현재 직장에 잔류할 것인가? 두 가지 모두 해당한다. 현재 직장으로 이직하기 위해 들인 노력을 생각하면 쉽게 이직을 고려하기 어렵다. 이때나를 구할 수 있는 것은 심리적으로 매몰되지 않은 외부의 조언을 구하는 것이다. 앞에 서술한 네 가지 분석 내용을 기반으로 외부의 객관적인 의견을 들어본다. 다른 사람의 객관적인 조언은 명확성을 얻고 감정에 의해서만 움직이는 것을 피하는 데 도움이 된다.

정서적 자기인식을 한다

감정에 휘둘리지 않고 자신의 감정을 인식하고 인정한다. 잠시 시간을 내어 현재 직장과 잠재적인 변화에 대한 자신의 느낌을 생각한다. 일기를 쓰거나 상담, 코칭을 통해 대화를 나누는 것도 자신을 명확하게 인식하는 데 도움이 된다.

새로운 출발,
엑소더스

"퇴사하기로 결심, 뭐부터 해야 하나요?"

엑소더스Exodus는 헬라어로 '밖'을 의미하는 EX(엑스)와 '길'을 의미하는 ODOS(호도스)가 합쳐진 '길을 통해서 밖으로 나간다'라는 의미를 가진 말이다. 지금까지 후회하던 과거를 청산하고 새로운 삶을 살아가기 위하여 다시 새롭게 길 밖으로 나와야 한다는 표현이다. 성경의 출애굽기에서 이스라엘 백성이 약속의 땅을 향한 변화의 여정을 시작한 것처럼 개인도 경력에서 새로운 기회와 성장을 추구한다. 감정이 이직이 되지 않고 이성이 이직을 선택

온보딩

했다면 출애굽한 이스라엘 백성처럼 과감한 결단력, 신중한 고민, 철저한 준비를 가지고 이직을 준비해야 한다. 새로운 직장에서 이직을 준비하는 단계별 과정을 살펴보자.

자기 성찰: 출발하라는 외침

첫 번째 단계는 모세가 자신의 백성을 인도하라는 신의 부름을 받은 것처럼 깊은 자기 성찰에 참여하는 것이다. 현재 직업 상황, 변화를 추구하고 이직을 하는 동기, 원하는 경력 목표 등을 깊은 성찰을 통해 평가해본다. 현재 직장에서 적응을 방해하는 요인을 식별하고, 새로운 기회가 자신의 가치, 목표와 일치하는지 확인한다.

비전 수립: 새로운 땅에 대한 약속

모세가 약속의 땅을 희망의 횃불로 상상한 것처럼 새로운 직장에서 추구하는 바에 대한 명확한 비전을 만든다. 현재보다 더 나은 직장, 현재보다 더 나은 직무환경, 현재보다 더 나은 일과 삶의 균형 등 구체적인 비전을 설정한다. 이 비전은 새로운 구직 과정에서 나침반 역할을 하며, 이직을 통해 진정으로 원하는 것이 무엇인지 알게 한다.

네트워킹: 동맹 구축 및 후원자 찾기

엑소더스는 혼자의 힘으로 이루어지지 않는다. 현 직장에서의 탈출과 새로운 출발을 응원하고 후원하는 동맹이 필요하다. 엑소더스의 통찰력을 줄 수 있는 멘토를 만들고, 심리적 안정감을 줄 수 있는 동료를 찾는다. 전문 분야를 확장하고 구직 시장에서 숨겨진 진주에 접근할 수 있는 네트워킹도 필수적이다. 외부 콘퍼런스, 네트워킹 플랫폼 등에 참석하여 외부 전문가와 관계를 구축하고 조언을 구한다.

자격과 성과: 고된 여정의 체력 준비

새로운 출발은 설렘과 동시에 고된 여정이다. 이스라엘 백성이 광야의 고된 여정을 준비했듯이, 이직을 위한 강력한 체력을 준비해야 한다. 광야에서 준비하는 것보다 현재 직장에서 준비하는 것이 필요하다. 현재 직장에서 업무 전문성을 갖추도록 최대한 노력한다. 새롭게 이직하려고 하는 회사에서 전 직장의 성과는 무엇인지 반드시 질문한다. 이를 위해 현재 직장에서 작은 성공을 만들 수 있도록 최선을 다한다.

차별화: 홍해를 건너다

이스라엘 백성에게 홍해는 불가능의 장벽이다. 그러나 홍해의 기적을 통해 엑소더스에 성공했다. 비전을 세우고 단순한 외침만으로는 기적을 만들기 어렵다. 몸소 실천에 옮겨야 한다. 자기소개서는 나의 자서전이다. 나의 자서전을 내가 희망하는 회사가 살 수 있도록 차별화해야 한다. 현재 직장에서 차별화 포인트를 찾아야 한다. 이직하고자 하는 회사가 정해졌다면 '왜 홍해를 가르고 건너야 하는지?'에 대한 차별화된 답변을 개발하여 면접을 준비해야 한다. 새롭게 이직하려는 회사가 '왜 약속의 땅인지?'를 분명히 해야 홍해의 기적이 일어난다.

'약속의 땅'은 쉽게 얻어지지 않는다. 기적을 바라기만 하고 아무 노력도 하지 않으면 기적은 일어나지 않는다. 홍해를 가르는 기적은 절박한 노력을 통해 이루어진다.

현 직장에서 매너는
새 직장에서의 평판이다

현재 직장에서 그만둘 때까지 반드시 지켜야 할 것 중 하나는 매너다. 이직을 계획하고 있더라도 현재 직장에서 긍정적인 인상을 남겨야만 새로운 직장으로 전환을 보장할 수 있다. 과거에 비해 이직은 매우 자연스러운 현상이다. 한 직장에 뼈를 묻겠다는 사람은 거의 없다. 리크루팅 업체의 조사에 의하면 이직을 고려하는 직장인이 무려 80%에 달한다(한겨레21, 2020년 5월 2일). 그러나 이직에 대한 시선은 곱지 않다. 아무리 시대가 변해도 이직을 조직에 대한 '배신'이나 '괘씸함'으로 보는 시선이 존재한다. '이직의 지혜'가 필요한 시대다.

이를 위해 '이직 매너'는 필수다. 매너가 새로운 직장의 합격을 좌우한다. 평판 조회는 경력직 채용의 마지막 단계로 이전 직장에 다니고 있는 상사, 동료 등을 통해 이루어진다. 면접 시에도 "왜 현재 직장에서 이직을 하려고 하는가?"는 단골 질문이다. 경력직에게 나쁜 평판은 치명적이다. 평판은 이직의 기본이다. 현재 다니는 직장에서 좋은 평판을 받으려면 어떻게 해야 할까? 현재 직장에서 지켜야 할 매너는 다음과 같다.

첫째, 험담하지 말자

예의 바르고 상호 존중의 의사소통은 마지막까지 지켜야 할 핵심 매너이다. 회사가 마음에 들지 않고 상사나 동료가 싫더라도 무례하게 상대할 필요는 없다. 새로운 직장으로 이직을 고려한다고 해서 회사를 험담하고 상사나 동료를 욕하는 것은 금물이다.

둘째, 남은 업무를 떠넘기지 말자

현재 진행 중인 프로젝트나 업무는 회사를 떠나는 날까지 최선을 다해 완료한다. 완료하지 않은 일은 남아 있는 사람의 부담으로 전가된다. 동료들의 부정적 평판은 일을 완료하지 않고 무책임하게 떠넘기고 갔을 때 발생한다. 마지막까지 업무에 최선을 다하는 자세는 아름답다.

셋째, 번갯불에 콩 볶아 먹듯 통보하지 말자

새로운 직장으로 이직이 확정될 때까지 비밀 유지를 하는 것은 중요하다. 그러나 이직에 대한 통보를 너무 촉박하게 하거나 일방적인 통보는 금물이다. 최근 이직에 대한 시선은 긍정적으로 변하고 있다. 하지만 인정받고 있는 직장인의 이직은 현 직장 입장에서는 큰 손실이다. 현 직장에서 손실을 최소화하고 준비할 수 있도록 배려가 필요하다. 퇴사 결정을 통보할 때 고용 계약에 따라 요구되는 통지 기간을 준수해야 한다.

넷째, 깔끔하게 정리하자

마지막 날까지 사무실 공간을 정리하고 깨끗한 모습을 보여줘야 한다. 든 자리는 몰라도 난 자리는 안다라는 말이 있다. 들어온 사람은 티가 안 나지만 나간 사람의 빈자리는 금방 티가 난다. 깨끗한 사무실의 모습은 좋은 이미지로 남아 좋은 평판을 남기지만, 더러운 사무실의 모습은 나쁜 이미지로 남아 씻기 어려운 나쁜 평판을 남긴다.

다섯째, 감사한 마음을 표현하자

모든 관계에는 끝맺음이 중요하다. 만남이 있으면 헤어짐이 있다. 반대로 헤어짐이 있으면 다시 만날 수 있다. 마음속으로는 절대 다시 만나고 싶지 않더라도 굳이 표현할 필요는 없다. 오히려 감사의 표현으로 성숙한 모습을 보이는 지혜가 필요하다. 진정으로 감사를 표현해야 할 사람은 직접 찾아뵙고 인사를 드리는 게 좋다. 다양한 이해관계자에게는 사내 메신저나 이메일을 통해 퇴사 인사를 드린다. 긴 말은 실수를 낳을 수 있다. 구구절절한 내용보다는 진심을 담아 감사한 마음만 남긴다.

온보딩

05 나도 나를
잘 모르겠어요

세상에서
가장 힘든 일

세상에서 가장 힘든 일은 무엇일까? '나를 정확하게 아는 것'만큼 어렵고 힘든 일도 없다. 새로운 직장으로 이직을 하고 수개월이 지났다. 여러분은 자신을 과대평가하고 있는가? 과소평가하고 있는가? 과대평가하는 경우는 회사가 나의 역량을 제대로 평가하지 못하고 부당한 대우를 한다고 생각한다. 일할 수 있는 환경을 제대로 만들어주지 못해서 내가 실력 발휘하지 못한다고 생각할 수도 있다. 또는 상사나 동료의 지원이 부족해서 협업이 안된다고 생각할 수도 있다. 반대로 과소평가하는 경우는 빨리 일의 성과를 보여주지 못해 조급해할 수도 있다. 회사에 제대로 적응이 되지 않았는데 버거운 일을 시켜 불안해할 수도 있다. 나에 대한 과대평가나 과소평가 모두 주된 원인을 내가 아닌 '환경'이나 '다른 사람'에서 찾고 있다. 그러나 모든 원인은 내 안에 있을 수도 있다.

개인의 성장과 성공은 자기 객관화와 연결되어 있다. 개인이 자신의 강점, 약점 및 성장 잠재력을 더 깊이 이해하고 자신을 다면적인 존재로 볼 수 있다는 이점이 있다. 자기 객관화는 현재 직장에서 역량 발휘를 위한 동기부여가 가능하고, 새로운 직장으로 선부른 이직으로 인한 실패를 예방할 수 있다.

자기 객관화가
어려운 이유

자기 객관화의 이점에도 불구하고 많은 사람이 자기 객관화를 어려워한다. 그 이유를 살펴보자.

환경적 요인

첫째, 처음 몇 개월 동안은 새로운 일, 새로운 관계, 새로운 조직문화에 적응해야 하는 시기다. 낯선 환경과 사람은 경력자의 역량과 기여도를 스스로 정확히 평가하는 데 어렵게 한다.

둘째, 새로운 직무요구 사항과 기대치에 대응하기 위해 새로운 지식과 기술을 습득해야 한다. 지식과 기술을 빠르게 습득해야 하는 가파른 학습 곡선은 경력자의 내면을 살펴보게 하는 데 장애 요인이 된다. 새로운 환경에 적응하고 새로운 기술을 습득하는 데 초점을 맞추다 보면 자기 객관화를 할 수 있는 정신적 공간이 거의 남지 않는다.

셋째, 잘해야 한다는 압박감이다. 경력직은 자신의 역량을 성찰하여 객관화하는 것보다 빨리 회사의 기대를 충족하고 상사나 동료로부터 인정을 받아야 한다는 압박감이 크다.

심리적 요인

첫째, 능력이 부족한 사람은 자신의 능력을 과대평가하고, 능력이 높은 사람은 자신의 능력을 과소평가하는 인지 편향을 더닝크루거 효과Dunning-Kruger effect라고 한다. 능력이 부족한 사람은 자신이 잘못된 결정을 내리고도 능력 부족으로 인해 자신의 실수를 알아차리지 못한다. 무식하면 용감하다고 했다. 이를 '우매함의 봉우리Peak of mountain stupid'라고 한다.

신규 입사자는 현재 직장에 입사하기 위해 자신의 역량을 최대한 강조한다. 자신감 넘치고 열정이 가득하다. 이제 마음껏 역량을 발휘하고 성과를 내는 일만 남았다. 그러나 실제 성과를 내는 것은 쉽지 않다. 자기 객관화가 진정 필요하지만 그럴만한 여유가 없다. 우매함의 봉우리(과대평가)를 지나 절망의 계곡(과소평가)에 다다른다. 버트란드 러셀은 "이 시대의 아픔 중 하나는 자신감이 있는 사람은 무지한데, 상상력과 이해력이 있는 사람은 의심하고 주저한다"고 말했다.

둘째, 자신이 믿거나 알고 있는 정보만을 취하고 반대되는 정보는 무시하는 것이 확증 편향Confirmation bias이다. 흔히 하는 말로 "사람은 보고 싶은 것만 보고, 듣고 싶은 것만 듣고, 믿고 싶은 것만 믿는다"는 것이다. 경력 입사자는 새로운 직장에서 주어지는 정보를 자신의 경험에 비추어 취사선택한다. 상사나 동료로부터 개선이 필요한 부분에 대한 피드백을 받게 되면 무시한다. 특히 이전 직장에서 많은 성과를 낸 사람일수록 더욱 심하다. 현재 성과를 내지 못하는 것은 '나'의 문제가 아니라 잘못된 환경이라고 생각한다. 나에 대한 부당한 대우도 '나'의 문제가 아니라 나의 능력을 몰라주기 때문이라 생각한다.

셋째, 가면 증후군Impostor syndrome은 '내가 매우 뛰어나다'라고

온보딩

생각한 것과는 반대로 '남들이 생각하는 것만큼 자신이 뛰어나지 않다고 여기며 불안감을 느끼는 마음'이다. 자신이 새로운 직장에 입사하게 된 것은 실력 때문이 아니라 운이라고 생각한다. 상사나 동료로부터 높은 기대를 받으면 받을수록 불안감은 커진다. '기대가 크면 실망도 크다'라는 말처럼 스스로를 믿지 않는다. 오히려 실패의 충격을 완화하기 위해 자신 스스로 과소평가한다. 이런 사람의 특징은 인정과 칭찬을 쉽게 받아들이지 못한다. 오히려 더 높은 목표가 부여될까 봐 전전긍긍한다. 그리고 끊임없이 이전 직장과 비교하게 되고, 다른 동료와 비교한다. 타인의 성공을 기준으로 자신의 역량을 평가하면 스스로의 업무방식이 잘못된 것처럼 느낄 수 있다.

자기 객관화
솔루션

직장인이 자신의 강점과 약점을 인식하는 것은 개인의 성장을 위해 필수적이다. 특히 경력직에게는 개인의 성장은 물론 경력 개발에도 중요하다. 환경적이고 심리적인 요인으로 인해 자기 객관화가 어렵지만, 자신이 바라보는 '나'와 타인이 바라보는 '나'의 인식 격차를 줄이기 위한 노력은 계속되어야 한다. 자기 객관화를 위한 성찰의 여정을 어떻게 해야 할지 솔루션을 알아보자.

피드백 요청하기

자기 객관화를 위한 첫 출발점은 동료와 상사로부터 건설적인 피드백을 적극적으로 구하는 것이다. 경력직은 동료와 상사에게 먼저 다가가는 것이 필요하다. 자신의 업무 성과와 팀원 간의 관계에 대한 진정성 있는 피드백을 요청한다. 동료와 상사의 정직한 피드백이 자기 객관화를 위한 소중한 통찰력을 제공한다. 예를 들면, 프로젝트 검토 회의 중에 팀원들에게 내가 팀에 기여하는 부분에 대한 피드백을 적극적으로 구하고 보완해야 할 점을 요청하면 동료와 상사의 태도도 달라질 것이다. 내가 가지고 있는 과대 또는 과소평가를 솔직하게 이야기하고 타인이 생각하는 차이를 구한다. 이를 통해 내가 미처 알지 못했던 나의 모습을 알게 되고 동료와 상사의 관계도 더욱 좋아질 수 있다.

성장 마인드셋으로 전환하기

스탠퍼드대학의 사회심리학 교수인 캐럴 드웩Carol S. Dweck은 '어떤 사람은 어려운 일에 부딪혀도 과감한 도전을 통해 성공을 이끌어내고, 어떤 사람은 패배를 경험하면 포기해버릴까?'에 대한 연구를 했다.[3] 캐럴 드웩 교수는 '성장 마인드셋Growth mindset과 고정 마인드셋Fixed mindset'으로 구분되는 마음가짐에 있음을 발견했다. 고정 마인드셋은 사람의 능력을 변하지 않는다고 믿는 반면에, 성장 마인드셋은 사람의 능력은 변하며 노력할수록 발전한다고 믿는다.

고정 마인드셋 vs 성장 마인드셋

두 가지 마인드셋	고정 마인드셋	성장 마인드셋
기본 전제	지능은 정해져 있다.	지능은 성장할 수 있다.
욕구	남들에게 똑똑해 보이고 싶다.	더 많이 배우고 싶다.
따라서…		
도전 앞에서	도전을 피한다.	도전을 받아들인다.
역경 앞에서	쉽게 포기한다.	맞서 싸운다.
노력에 대해	하찮게 여긴다.	완성을 위한 도구로 여긴다.
비판에 대해	옳더라도 무시한다.	비판으로부터 배운다.
남의 성공에 대해	위협을 느낀다.	교훈과 영감을 얻는다.
↓		
결과	현재 수준에 정체되고 잠재력을 발휘하지 못한다.	잠재력을 발휘해 최고의 성과를 낸다.

출처: 캐롤 드웩, 《마인드셋》, 스몰빅라이프, 2017

---

3 캐롤 드웩, 《마인드셋》, 스몰빅라이프, 2017

고정 마인드셋을 가진 경력직은 자신의 능력과 환경을 탓하며 새로운 조직에서 성공할 수 없다고 단정한다. 반면에 성장 마인드셋을 가진 경력직은 일과 관계에서 장애가 있고, 실패하더라도 이를 성장할 수 있는 기회로 여기며 계속 도전한다. 자신의 믿음과 신뢰를 무너뜨리지 않게 새로운 목표를 수립하고, 체계적인 계획과 실천을 해나간다. 예를 들면 프로젝트 회의 시 자신의 프레젠테이션에 대해 동료나 상사로부터 교정 피드백을 받은 후에 이로 인해 좌절하는 것이 아니라, 새로운 성장의 기회로 여기고 프리젠테이션 스킬을 향상하기 위한 학습과 개발을 위해 노력한다.

방해 요인 탐색하기

계획은 잘 수립했지만 실천하기는 힘들다. 이유 중 하나는 계획을 실천하는 데 방해가 되는 요인에 대해 무관심하기 때문이다. 새로운 직장에서 적응이 어렵고 역량을 발휘하지 못하는 방해요인에 대한 대처가 부족하면 늘 같은 실패를 거듭할 가능성이 크다. 방해 요인 중에서 가장 중요한 것은 자기 자신에 대한 방해 요인이다. 자기 자신의 마음속에 있는 포기하고 싶거나 남 탓으로 돌리는 갈등 상황을 다루는 것이다. 마음의 동요가 자주 일어나면 계획을 실천하기 어렵다. 이때는 동기를 강화하기 위한 긍정적인 자기 대화가 필요하다. 스스로의 말이나 마음속 독백과 같은 자신의 말을 바꾸기 위해 노력하면 새롭게 행동하게 된다. 이는 경력직이 가지고 있는 새로운 직장의 일과 관계에 대한 부정적인 생각과 문제 행동을 개선하는 데 효과적일 뿐만 아니라 성장 마인드셋과 같은 생각과 태도를 유지하는 데 도움이 된다.

06 다음 이직은
언제가 좋을까요?

이직 준비는
최고의 커리어를 준비하는 일

"지금 도전해보지 않으면 10년, 20년 뒤에 후회할 것 같은 꿈이 있어 용기 내어 결심했습니다. 적응은 무서운 체념을 부른다고 하더군요. 그래서 더 늦기 전에 칼을 뽑아 들었습니다. 더 큰 세상에서 더 많이 경험하고, 다시 만나 뵐 수 있었으면 좋겠습니다."

2021년 봄, 배우 진기주 씨가 tvN 〈유 퀴즈 온 더 블럭〉에 출현해, 3년을 다닌 대기업을 퇴사할 때 동료들에게 보냈던 메일 내용

316

중 일부다. 진기주 씨는 기자, 대기업 직원, 모델 등 여러 직업을 거치며 배우로 자리 잡았다. 진기주 씨 얘기처럼 이직은 자기의 목표를 실현하거나, 더 좋은 조건을 위해 선택하는 큰 결단이다. '지금 상황에 머무르고 싶지 않아. 내 커리어를 더 성장시키고 싶어'라고 생각하는 이들만 하는 고민이다. 마찬가지로 새로운 직장에 온보딩을 잘하고 싶다는 고민, 퇴사하고 다시 이직을 할까라는 고민은 결국 일을 잘하고 싶은 마음에서 시작된다. 연봉, 워라밸, 조직문화, 회사 내 관계 등 문제도 중요하지만 '일'에 대한 고민이 더 우선시되는 것이다. 단순히 지금 회사의 어떤 부분이 싫어서 다른 회사로 옮긴다면, 옮긴 회사도 똑같은 이유로 싫어질 수 있다.

"다시 이직해도 될까요? 다음 이직은 언제가 좋을까요?"라는 질문에 대한 대답은 '입사 후 최소 1년은 넘어야지'라는 시간의 문제가 아닌 것이다. 이직의 시점을 결정하는 것은 결국 '실력'의 문제가 아닐까?

경력기술서가
업데이트되었다면

회사에서 실력을 객관적으로 확인하기는 쉽지 않다. 시험 성적처럼 점수화되어 나타날 수 있는 것이 아니기 때문이다. 업무 평가를 받기는 하지만, 평가가 실력만으로 이뤄지는 것은 아니고, 여러 주관적인 요소에 의한 영향도 많기 때문이다.

타인에게 묻지 않아도 객관적으로 자기 평가를 할 수 있는 방법은 '경력기술서'를 써보는 일이다. 첫 입사 시 작성했던 이력서나 이직 시 작성했던 경력기술서에 지난 직장 생활 동안 수행했던 일들을 업데이트해보자. 당연하겠지만, 단순히 수행했던 일 목록 나열은 아니다. 성과의 개념으로 접근해서 실제 수행한 업무의 중요도와 난이도, 그리고 나의 기여도를 상세하게 서술할 수 있어야 한다. 경력기술서에 업데이트할 내용이 없다면, 실력을 좀 더 쌓고 난 다음에 제대로 이직하는 편이 좋다. 그래도 잘 모르겠다면, 시장에서 객관적인 평가를 받아보는 것도 방법이다. 채용플랫폼에 본인의 이력서와 경력기술서를 오픈하고, 기업들에게 직접 입사 제안을 받는 것으로 손쉽게 나의 경쟁력을 확인해볼 수 있다. 제안 횟수가 많거나, 지금 직장보다 좋은 조건의 회사에서 입사 제안을 받는다면 충분히 준비된 상황으로 생각할 수 있다.

경력기술서 작성이 막막하다면, 가고 싶은 기업의 채용공고를 살피면 된다. 채용공고에 기술된 직무소개서^{Job Description}을 보면, 구체적으로 이 회사의 그 직무에서 원하는 직무 역량을 확인할 수 있다. 뽑히는 경력기술서는 직무소개서에 맞는 역량을 보유한 사람의 것이다. 직무소개서에서 요구하는 역량에 맞는 경험이 무엇인지 매칭시키고, 그에 맞춰 서술해나가면 작성이 수월하다.

환승 연애 말고
환승 이직

〈환승 연애〉라는 예능 프로그램이 뜨면서 '환승 이직'이라는 용어가 부각하고 있다. 연인과 헤어지기 직전이나 직후에 새로운 연애를 자연스럽게 시작하듯이, 지금 직장 생활을 하는 중에 새 직장을 찾아, 환승하듯 자연스럽게 이직한다는 뜻이다. 워딩만 새로울 뿐이지, 이러한 이직의 형태는 오래전부터 익숙하다. 다만, 요즘 시대를 반영해 해석한다면, 무조건 퇴사보다는 '환승 이직'을 하는 것이 현명하다.

현명하게 환승 이직을 해야 하는 이유는 두 가지가 있다. 평판과 안정감이다.

연인 간 이별에도 예의를 지켜야 하듯이, 회사와 헤어질 때도 예의를 갖추는 것이 필요하다. 마음 같아서는 그냥 통보하고 그만 두고 싶을 수도 있다. 하지만 세상은 좁다. 언제, 어디서, 어떤 모습으로 만날지 모른다. 지금 직장에서 평판은 앞으로도 나를 계속 따라다니는 꼬리표이다. 직장 생활을 하면서 좋은 평판을 유지했음에도, 퇴사 과정에 불필요한 말과 행동들로 한순간에 나쁘게 바뀌는 것도 평판이다.

환승 이직이 현명한 두 번째 이유는 안정감이다. 현재 회사 생활에서 오는 스트레스로 퇴사를 결심했다면, 바로 실행에 옮기고 싶다. 그러나 막상 이직을 위한 준비 기간이 길어지면, 그 공백에서 오는 스트레스도 매우 크다는 점도 생각해야 한다. 특히 N차 이직이라면, 퇴사 후 이직까지 시간이 더 소요될 수 있다. 구직자는 그동안 경험했던 회사보다 더 좋은 조건을 기대할 것인 반면, 회사는 N차 이직에 대한 명분을 확인하는 등 검증에 좀 더 까다롭기 때문이다. 당장 퇴사부터 하기보다는 잠깐 시간을 벌었다고 생각하고, 차분히 다음 직장을 결정한 뒤 옮기는 게 결과적으로 더 좋은 선택일 수 있다.

온보딩

당신의 꿈이
매진되지 않도록

　잠들어야만 입장 가능한《달러구트 꿈 백화점》[4]의 소실 속 이야기처럼 내가 원하는 꿈을 살 수 있다면 얼마나 좋을까? 소설 속 백화점 신입사원 페니는 '다른 사람의 삶을 보면 부러움에 열등감을 느끼기도 하고, 때로는 그래도 내가 저 사람보다는 낫지라는 안도감이나 우월감을 느낀다'는 얘기를 한다. 이에 달러구트는 자신의 삶을 사랑하는 방법에는 두 가지가 있다고 조언한다. 첫 번째 방법은 자신의 삶에 만족할 수 없을 때 바꾸기 위해 최선을 다하는 것이다. 두 번째 방법은 쉬워 보이지만 어려운 방법이라며, 자신의 삶을 있는 그대로 받아들이고 만족하는 것이라고 한다. 그러면서 첫 번째 방법으로 삶을 바꾼 사람도 두 번째 방법을 터득해야 비로소 평온해질 수 있다고 말한다. 새로운 회사에 적응하면서 겪게 되는 다양한 감정(불그레, 불안, 불편, 불만족, 불평, 불가능 등)을 명확하게 아는 것만으로도 큰 진전일 수 있다.

　우리는 미래를 정확히 보거나 알 수 없다. 이런 불확실함은 사람을 더욱 불안하게 한다. 모든 일이 꿈꾸는 것처럼 늘 설레고 행

4　이미예,《달러구트 꿈 백화점》, 팩토리나인, 2021

복한 일만 기다리고 있지 않다. 그래서 늘 망설이고 고민할 수밖에 없다. 자신의 감정이 무엇인지 모르고 확신이 없는 직장인이 많다. 푹 자는 것만으로도 어제의 근심이 눈 녹듯 사라지고, 오늘을 살아갈 힘이 생길 수 있다. 저마다 꿈꾸는 시간을 이용해서 어제를 정리하고 내일을 준비할 수 있어야 하지 않을까?

"변함으로써 생기는 '불안'을 선택할 것이냐, 변하지 않아서 따르는 '불만'을 선택할 것이냐."

심리학자 아들러의 철학을 얘기한 책 《미움받을 용기》[5]에 나오는 말이다. 지금 직장 생활이 불편하고, 불안정하고, 불가능해 보이는가? 또는 '입사한 지 얼마 되지 않았는데, 그만두어도 되는 걸까, 다시 시작할 수 있을까, 다시 시작한다고 달라질 수 있을까'라는 고민에 허우적대고 있는가? 이제 고민하지 않아도 된다. 현재 상태를 유지해도 불만이 있을 것이고, 다시 이직한다 해도 또 불편과 불안은 늘 함께할 것이다.

"중요한 것은 '앞으로 나아가고 있는가'이다."

---

5 기시미 이치로, 《미움받을 용기》, 인플루엔셜, 2022

소프트랜딩 성공 노하우 전수: 도전

프로이직러 J. Lee: 6번의 면접을 거쳐 글로벌 본사에 입성

"You can't connect the dots looking forward, you can only connect them looking backwards. So you have to trust that the dots will somehow connect in your future(앞을 보면서 점들을 연결할 수는 없고, 뒤를 보면서만 연결할 수 있습니다. 그러므로 당신은 그 점들이 미래에 어떻게든 연결될 것이라고 믿어야 합니다)."

스티브 잡스가 스탠퍼드대학 졸업식 연설 때 한 말이죠. 고등학교 때 이 문장을 접하고 삶의 중요한 가치로 받아들였어요. 그런데 이직을 하다 보니 이 말은 맞기도 하고 틀리기도 하다는 생각이 들었습니다. 앞을 내다보고 점을 연결할 수는 없는 걸까? 끊임없이 자기 상품성을 키워나가시는 분들은 다르던데요! 이직 한 번을 하더라도 다음 스텝을 염두에 두고 부스팅이 될 만한 곳을 선택하는 거죠. 점은 팩트지만 점을 잇는 것에 스토리를 입히는 것은 자기 몫인데, 스토리라인을 미리 잡고 움직이느냐, 나중에 끼워 맞추느냐는 천지차이라고 봅니다.

이 회사에서 내가 원하는 것과 이루고 싶은 것을 명확히 하고 출발하는 거예요. 장기적인 플랜과 비전에 연결되어야 가능한 일일 겁니다. 연애도 많이 해봐야 결국 좋은 사람을 만날 수 있다고 하잖아요. 이직도 하다 보니 점점 더 비비드해지더라고요. 그래서 이력서를 퇴사할 때 쓰지 않고, 입사하면서 쓰고 시작해요. 친구들이 독특하다고 하던데, 신기하게 대략 맞아요. 업데이트하고 싶었던 부분에 대한 목표가 있으니까 당연히 주도성이 생기는 거죠. 예를 들어 결과물을 가지고 ○○에서 발표하는 것을 적었다고 하면 정말 그렇게 될 것에 대비해서 과정을 꾸준히 기록해둡니다. 그날이 실제 오면 성취감이 엄청나요!

하지만 여기서 주의해야 할 게 자신에게 너무 집중되어 있으면 기회주의자로 보일 수 있어요. 장기적인 관점에서는 내 게임이지만, 단기적으로는 조직의 성과도 낼 수 있게 해줘야 하는 거죠. 녹봉을 받는 직원의 의무라고 봅니다. 며칠 전에도 이력서 갱신하면서 생각했어요. '회사가 나를 풀로 뽑아먹게 하지만 나도 회사를

풀로 뽑아먹자. 있는 시간 동안은!'

프로이직러 P 상무:
회사 키우기가 취미이신 분

사원급 사직서에 사장님 면담까지 진행하면서 회유를 요구받았지만, 꿈이 있어서 이동했었죠. 그렇다면 보내는 주겠는데, 시스템상으로는 100년 동안 휴직인 걸로 걸어두겠다는 겁니다. 언제든 돌아오라는 메시지였지만 제 선에선 끊어버린 다리였기 때문에 더 부담이 되더라고요. 이렇게까지 하고 갔는데 과연 꿈이 이뤄질까? 3월 입사였는데, 11월 무렵에야 프로젝트에 어사인을 받았습니다. 3개월 정도는 학습의 시간이었다 쳐도 그 이후 5개월은 이전 회사에서 연락 올 때마다 솔직히 흔들리더라고요. 제안서에 참여시키는 것도 앞부분 서너 페이지가 다였어요. 못 미더운 거죠.

할당받은 거라도 최선을 다해 진행해보자라고 마음먹고 작업하다 보니 수주가 되는 건이 나오더라고요. 일반적으로 수주가 되면 제안 작업에 참여했던 사람이 그 프로젝트에 배정되는데, 저한테만 예외가 적용되는 거예요. 억울했지만 목표를 세팅했어요. 내가

1년 안에 반드시 '○○○에게 일 잘한다는 말을 듣는다.' 지성이면 감천이라고 했나요? 해가 넘어가기 전에 기회가 왔고, 결과 발표하는 날 정확하게 그 말을 들을 수 있었습니다. 비용을 역산하면 한 페이지에 100만 원골인 프로젝트였기 때문에 당당하게 포트폴리오에 넣을 만했습니다. 이후 그분은 다시 한번 함께하자고 했고, 꽤 장기간의 프로젝트를 뒤로하고 퇴사를 하게 됐습니다. 돌아보니 1년 반 시간 동안 참 많이 단단해졌더라고요.

이직이 회피가 되어선 안 된다는 철칙이 있었기에 버텼고, 다음 경력 개발을 위해서 이동했을 땐 훨씬 여유가 생겼습니다. 주변을 보면 물경력들이 많죠. 대학원 졸업하고 연차가 쌓여도 아무 소용이 없는 거죠. 자기 스토리인데, 몸이 무거워지기 전에 부지런히 성능 좋은 무기를 장착해야 해요. 그런데 너무 조급하게 결정하고 옮기다 보니 쌓이는 게 없어 보입니다.

요즘은 다른 재미에 빠졌어요. 브런치나 링크드인, 리멤버 등에 글을 쓰는 일입니다. 직무와 관련된 것을 다루면서 전문가로 포지셔닝하다 보니 여기저기 생각지도 못한 컨택이 들어와요. 발표할 기회가 주어질 때도 있는데, 철저하게 회사 차원으로 얘기합니다. 재직 중에는 회사 브랜딩에 도움이 되는 쪽으로 초점을 맞춥니다. 하지만 이직할 때 보면 결국 그게 제 개인 브랜딩에 도움이 되더라고요. 그게 그거 아닌가 싶지만 공공연하게 들리는 말 중에

온보딩

이런 말이 있지 않나? "열심히 자기계발을 하는 사람치고 제대로 몰입해서 일하는 사람이 없어! 언제라도 나갈 사람한테 잘해주지 마요." 시기 질투는 사촌이 하는 법입니다. 사심을 드러내지 마세요. 그래야 걸림이 없이 강으로, 바다로 확장해갈 수 있을 겁니다.

온보딩

초판 1쇄 인쇄 2023년 11월 27일
초판 1쇄 발행 2023년 12월 08일

지은이 김윤정, 김정현, 김화정, 박진일, 박찬규, 박한샘, 장정관, 전수정, 정우성, 조한겸, 지정훈

기획 이유림
편집 정은아
마케팅 총괄 임동건
마케팅 안보라
경영지원 임정혁, 이순미

펴낸이 최익성
펴낸곳 플랜비디자인

표지 배진웅

출판등록 제2016-000001호
주소 경기도 화성시 동탄첨단산업1로 27 동탄IX타워 A동 3210호

전화 031-8050-0508
팩스 02-2179-8994
이메일 planbdesigncompany@gmail.com

ISBN 979-11-6832-077-2(03320)